AF396851

DU GAGE

EN DROIT ROMAIN ET EN DROIT FRANÇAIS

LOIS DU 23 ... 1863 SUR LE GAGE COMMERCIAL

ET DU 28 MAI 1858 SUR LES NÉGOCIATIONS CONCERNANT LES

MARCHANDISES DÉPOSÉES DANS LES MAGASINS GÉNÉRAUX

PAR

Louis SERVIN

AVOCAT

PARIS

F. PICHON, IMPRIMEUR-LIBRAIRE

14, RUE CUJAS, 14

1874

THÈSES POUR LE DOCTORAT

DU GAGE

EN DROIT ROMAIN ET EN DROIT FRANÇAIS

LOIS DU 23 MAI 1863 SUR LE GAGE COMMERCIAL

ET DU 28 MAI 1858 SUR LES NÉGOCIATIONS CONCERNANT LES

MARCHANDISES DÉPOSÉES DANS LES MAGASINS GÉNÉRAUX.

THÈSE POUR LE DOCTORAT

PAR

Louis SERVIN

AVOCAT

L'acte public sur les matières ci-après sera soutenu le

mercredi 25 novembre 1874, à 2 heures

PRÉSIDENT : COLMET DE SANTERRE

SUFFRAGANTS :
MM. DUVERGER,
RATAUD,
GIDE,
GLASSON,
PROFESSEURS.
AGRÉGÉ.

PARIS

F. PICHON, IMPRIMEUR-LIBRAIRE

14, RUE CUJAS, 14

1875

DROIT ROMAIN

DE LA FORMATION, A ROME, DES CONTRATS DE NANTISSEMENT EN GÉNÉRAL, ET DU CONTRAT DE GAGE EN PARTICULIER

CHAPITRE PREMIER

La formation des contrats de nantissement et particulièrement du contrat de gage suivit à Rome, comme les autres matières du droit, une marche progressive, conforme d'ailleurs aux développements successifs du commerce et de la civilisation. Les premières sûretés que les Romains connurent pour garantie de leurs conventions furent le *nexum* et la *sponsio*. Lorsque le créancier n'était pas remboursé à l'échéance, il avait la *manus injectio* contre son débiteur et le faisait travailler à son service jusqu'à l'entier acquittement de la dette ; ce débiteur était alors dans un état assez semblable à celui résultant du *mancipium*. Le *nexus* conservait en effet ses droits de cité, de famille ; il suffisait qu'il eût désintéressé son créancier pour sortir de cet état dégradant.

La *sponsio* au contraire garantissait le créancier contre l'insolvabilité éventuelle de son débiteur, car elle lui procurait un second obligé qui, venant s'adjoindre au premier, s'engageait à exécuter l'obligation, au cas où celui-ci ne pourrait le faire.

Mais, par suite des mauvais traitements auxquels les *nexi* étaient généralement en but de la part de leurs créanciers, une loi *Pœtelia*, due à des sentiments d'humanité, supprima le *nexum* pour ne laisser subsister que la sûreté personnelle désignée sous le nom général de *sponsio*. Le besoin d'un nouveau mode de garantie des conventions ne tarda pas à se faire sentir ; aussi, lors de l'apparition de la loi *Pœtelia*, voyons-nous les sûretés réelles et tout d'abord le gage apparaître à Rome.

Le gage et l'hypothèque ne reçurent pas sous la République leur entier développement ; à cette époque on ne connaissait encore que le gage avec contrat de fiducie. D'où provient un développement aussi tardif des sûretés réelles ? Quelle est la cause, à cette époque, de l'infériorité relative du droit romain en cette matière ? D'après une version généralement admise en Allemagne, cela tenait à l'organisation toute particulière de la société romaine laquelle tendait à favoriser la pratique des sûretés personnelles. Ces dernières, en effet, se basant sur le principe d'association, de confraternité, offraient des garanties morales que les Romains préféraient aux garanties matérielles basées sur la chose. De plus, ces garanties personnelles et morales se rencontraient facilement dans un état social où existaient des liens étroits et multipliés de famille, de clientèle et de caste ; d'un côté la *gens* avec ses nombreuses ramifications, de l'autre les amis politiques permettaient de trouver des garants toutes les fois qu'on avait besoin de leur concours.

Cette doctrine n'est cependant pas universellement admise ; on a dit que les Romains ont toujours mis au-dessus de tout la théorie des obligations ; or la *sponsio* et la *fidejussio* rentrent dans cette théorie. Il est inutile de reproduire ici les arguments que peuvent invoquer les partisans de l'une et de l'autre doctrine ; nous dirons seulement que l'organisation de la société romaine, telle qu'elle exista à son origine et pendant toute la durée de la République, est un argument des plus sérieux à l'appui des partisans de la première opinion.

Quoiqu'il en soit, à l'origine et encore du temps des jurisconsultes, le débiteur qui veut donner une sûreté réelle à son créancier lui transmet la propriété même de la chose ; mais il intervenait un contrat de fiducie par lequel le créancier s'engageait à retransférer la propriété aussitôt qu'il serait désintéressé (1).

Dans ce système, le créancier devenant propriétaire, il va de soi qu'il peut aliéner la chose qui lui sert de sûreté. Ainsi donc, celui qui voulait conférer un gage en transférait la propriété par mancipation ou *in jure* cession, puis le créancier devenu propriétaire *ex jure quiritium*, prenait l'engagement, au moyen d'un contrat de fiducie, de restituer l'objet du gage dès qu'il serait payé.

La loi des Douze Tables, monument le plus ancien de la jurisprudence romaine, ne fait aucune mention du contrat de gage ; est-ce à dire qu'il n'était pas en usage à ces époques reculées ? Nous ne le pensons pas ; en effet, parmi les Tables qui ne nous sont pas parvenues il faut compter la douzième. Or, le § 2 de la loi 238 au Digeste *De verborum significatione* relatif au gage, est extrait du sixième livre du commentaire de Gaius sur la loi des Douze-Tables. Ce commentaire était divisé en six livres traitant chacun des matières relatives à deux tables de cette loi ; on peut donc en conclure que la douzième table, contenant un supplément aux cinq dernières, traitait plus particulièrement de la matière qui nous occupe (2).

L'utilité de cette première forme du gage était très-grande à une époque où les actions servienne

(1) Gaius, II, § 60; Sentent. de Paul, II, 13, §§ 1-7.
(2) Terrasson, *Hist. de la jurisprudence rom.*

et quasi-servienne ainsi que les interdits « retinendæ vel recuperandæ possessionis » n'existant pas encore, le créancier-gagiste n'avait d'autre moyen que la revendication pour se mettre en possession de son gage.

Ce contrat de fiducie produisait les actions *directe* et *contraire*; l'une permettant au débiteur de se faire remanciper la chose quand il avait acquitté sa dette, ou d'obtenir l'excédant du prix de vente sur la dette si le créancier avait vendu l'objet donné en gage (1); l'autre permettant au créancier de rentrer dans les impenses qu'il avait faites pour la conservation du gage. Ce gage par translation de propriété a le même objet que le *nexum*. Le créancier n'avait pas encore un droit de préférence sur le prix obtenu par la vente du gage, mais il gênait le débiteur puisque celui-ci ne pouvait recouvrer qu'en payant la disposition de sa chose. Le créancier n'avait donc, en cette qualité, ni droit de vente, ni droit de préférence sur l'objet donné en gage ou sur le prix en provenant; il ne pouvait qu'entraver le droit de propriété de son débiteur. Aussi cette sûreté réelle du gage, dans sa forme primitive, n'était-elle, à vrai dire, qu'une sûreté personnelle. Elle offrait de grands inconvénients, car le créancier devenant propriétaire avait des droits trop absolus et dont il lui était très facile d'abuser : il pouvait en effet vendre la chose engagée quand il voulait

____

(1) Paul, Sentent., L. II, tit. 13, § 1.

et comme bon lui semblait, même avant l'échéance.
Le débiteur ne pouvait reprendre sa chose devenue
la propriété d'un tiers; il pouvait même arriver
qu'il en perdit la valeur s'il se trouvait en présence
d'un créancier devenu insolvable après en avoir
dissipé le prix. Ajoutons que, puisque le créancier
devenait propriétaire du gage, le débiteur n'aurait
pu lui vendre la chose engagée, car comment aurait-il acheté ce dont il était déjà propriétaire?
Enfin, comme la vente de la chose d'autrui était
permise en droit romain, le débiteur pouvait vendre à d'autres personnes, puis après avoir payé son
créancier, livrer à l'acheteur le gage une fois re-
mancipé (1).

Dans la seconde forme du gage, le créancier, au
moyen d'une tradition qui lui est faite, ne reçoit
plus que la possession de la chose engagée; il n'est
plus qu'un simple possesseur. La privation pour
le débiteur de la jouissance de sa chose subsistait
donc dans ce système comme dans le précédent;
mais on avait imaginé pour remédier à cet inconvénient un palliatif déjà employé sans doute dans
la première forme du gage. Florentinus nous dit
en effet que le débiteur gardait la chose donnée
en nantissement en qualité de locataire ou de con-
cessionnaire à précaire : « pignus, manente pro-
prietate debitoris, solum possessionem transfert ad
creditorem; potest tamen et precario et pro con-

<hr>

(1) Paul, Sentent., L. II, t. 13, § 3.

ducto debitor re sua uti (1). » Le gage entraîne donc alors un démembrement du droit de possession : la possession *ad interdicta* appartient au créancier gagiste; la possession *ad usucapionem* reste au débiteur.

Quel était maintenant le droit du créancier gagiste sur la chose dont il devenait ainsi possesseur? Il avait un droit de rétention, et il pouvait en tirer parti en louant la chose ainsi retenue. Dans le principe, le droit du créancier fut donc uniquement attaché à la détention de la chose; s'il venait à en perdre la possession il n'avait aucune action *in rem* contre les tiers qui s'en étaient emparés. Quant au droit de vente il ne l'eut que beaucoup plus tard; il est généralement admis que ce droit lui fût accordé à l'imitation de ce qui avait lieu alors en cas de *prœdiatura*; c'était le droit qu'avait l'État, quand il était créancier et qu'il avait reçu un bien en garantie, de faire vendre ce bien. Ce droit fut donc, à cette époque, étendu au créancier hypothécaire d'abord, au créancier gagiste seulement après. Le droit de vente ne fut pas non plus octroyé tout de suite dans toute sa plénitude aux créanciers munis de sûretés réelles. En effet, ce droit ne fut d'abord qu'une condition accidentelle du gage ou de l'hypothèque; il fallait qu'un pacte adjoint le conférât expressément. A partir de Gaius seulement le droit de vente devient une condition na-

(1) L. 35, § 1, D., *De pign. act.* 13, 7.

turelle du gage ou de l'hypothèque, c'est-à-dire qu'il aurait fallu alors une stipulation expresse pour en priver le créancier. Enfin, du temps d'Ulpien (1), le droit de vente devint une condition essentielle du contrat de gage; le créancier ne pouvait plus en être privé, la convention contraire n'aurait pu que retarder l'exécution de ce droit. Mais à l'époque même où la vente fut considérée comme étant de l'essence du gage ou de l'hypothèque, elle ne pouvait avoir lieu qu'à la charge de remplir certaines formalités que nous aurons à énumérer dans le chapitre suivant, et auxquelles une Constitution de Justinien apporta encore de nombreuses modifications.

Ainsi naquit et se développa le contrat de gage dans la législation romaine. Entrons maintenant davantage dans la connaissance de ce droit en en étudiant la nature particulière et les caractères qui le distinguent d'autres contrats de garantie.

« Inter pignus et hypothecam tantum nominis sonus differt, » nous dit Marcien (2). On pourrait croire, à première vue, qu'il n'existait en droit romain aucune différence entre le gage et l'hypothèque, et que l'étude de l'un de ces contrats équivaut et se réduit à l'étude de l'autre. Il n'en est rien cependant et, malgré les relations fréquentes et intimes qui rapprochent ces deux actes juridiques,

(1) L. 4, D., *De pign. act.* (13, 7).
(2) D., L. 5, § 2, *De pign. et hyp.* (20, 1).

nous voyons à la lecture d'autres textes que les termes dont s'est servi Marcien ne doivent pas être pris à la lettre, et que son intention ne pouvait être de confondre et d'assimiler deux contrats parfaitement distincts.

Voici en effet ce que nous lisons dans les Insti
tutes : « Pignoris appellatione eam proprie rem contineri dicimus quæ simul etiam traditur creditori, maxime si mobilis sit, at eam quæ sine traditione nuda conventione tenetur, proprie hypothecæ appellatione contineri dicimus » (1). A ce texte si positif ajoutons ce que dit Ulpien en termes non moins clairs : « proprie pignus dicimus quod ad creditorem transit; hypothecam, cùm non transit, nec possessio ad creditorem » (2).

La confusion du gage avec l'hypothèque que le jurisconsulte Marcien semble avoir commise n'est donc qu'apparente; en droit romain comme en droit français la nature de ces deux contrats présente des caractères parfaitement tranchés. Toutefois, s'il est vrai de dire qu'au point de vue du fait juridique qui les constitue il y ait à distinguer le gage de l'hypothèque, il faut ajouter cependant que quant au droit réel qui en résulte, les deux expressions gage et hypothèque sont entièrement synonymes et qu'à ce point de vue les termes dont s'est servi Marcien sont exacts. Il nous sera donc facile de restreindre

(1) Instit., L. 4, t. 6, § 7, *De action.*
(2) Loi 9, § 2, Dig., *De pign. act.* (13, 7).

notre étude dans les limites que nous nous proposions de lui fixer, c'est-à-dire d'examiner les sûretés réelles au point de vue seulement de ce que Justinien appelle le *pignus* proprement dit. Faisons observer que, contrairement au droit français, l'hypothèque des meubles était permise à Rome; lors donc que plus tard, au déclin sans doute de la République romaine, la législation éminemment novatrice du préteur introduisit et fit pratiquer le pacte d'hypothèque, le *pignus*, c'est-à-dire l'affectation d'un objet mobilier comme garantie d'une créance avec translation de la propriété ou tout au moins de la possession de cet objet lui-même, dut perdre beaucoup de son importance. Les avantages que l'hypothèque présente sur le gage exercèrent sur ce dernier une grande et nécessaire influence. Nous verrons en effet qu'on prit peu à peu l'habitude d'ajouter le pacte d'hypothèque à toute constitution de gage et qu'on finit même par le considérer comme un complément nécessaire et sous-entendu. Le gage demeura néanmoins pleinement en vigueur après l'apparition de l'hypothèque par suite de l'intérêt qu'offre au créancier la possession de l'objet servant de garantie, surtout s'il s'agit d'effets mobiliers que le débiteur peut aisément soustraire. Le gage continua donc à rester distinct de l'hypothèque; mais, comme la plupart du temps, tout gage impliqua désormais un pacte d'hypothèque sous-entendu, on peut s'expliquer les termes trop généraux dont s'est servi Marcien. La corrélation de plus en plus grande qui se produisit entre le gage et l'hypothèque nous obligera, tout en restant le plus possible dans les termes de notre sujet, à comparer fréquemment ces deux contrats; ainsi tâcherons nous de faire ressortir avec plus de netteté les traits spéciaux et caractéristiques du contrat qui nous occupe.

Nous définirons donc le gage, le *pignus* pris dans son sens étroit et par opposition à l'hypothèque, l'affectation d'une chose spéciale au payement d'une dette déterminée avec translation de la possession de cette chose du débiteur au créancier (1). Gaius définit ainsi le gage : « pignus appellatum a pugno, quia res quæ pignori dantur, manu traduntur. Unde etiam videri potest verum esse, quod quidam putant, pignus proprie rei mobilis constitúi » (2). Il paraît résulter de cette définition du gage que les choses mobilières seules sont susceptibles d'être constituées en gage; nous examinerons un peu plus loin la portée de cette dernière assertion. Ainsi donc le mot *pignus* désigne le contrat par lequel une chose est donnée en gage au créancier, le *contractus pigneralitius* auquel on oppose le pacte d'hypothèque; ajoutons qu'il comporte d'autres acceptions et qu'il est susceptible de recevoir des sens différents. Outre le contrat proprement dit, il sert de plus à désigner tantôt le droit à la chose engagée, tantôt

(1) L. 9, § 2; L. 35, § 1, D., *De pign. act.* (13, 7).
(2) L. 238, § 2, D., *De verbor. significat.*

la chose engagée, le gage lui-même dont le créancier à la possession.

Nous voyons par la définition du contrat de gage que nous donnent les jurisconsultes romains que le transport de la possession est nécessaire pour la conclusion et la perfection de ce contrat, et qu'autrement nous n'aurions qu'un pacte d'hypothèque (1). La possession juridique de l'objet donné en gage passe donc sans aucun doute au créancier qui possédera en son propre nom et qui, ayant l'*animus possidendi*, pourra employer, si cela lui devient nécessaire, les interdits possessoires. Toutefois, comme dans les éléments de sa possession se trouve la reconnaissance de la propriété d'autrui, il n'a pas sur la chose la possession *ad usucapionem* laquelle continuera à appartenir au débiteur resté propriétaire « : qui pignori dedit, dit Javolenus, ad usucapionem tantum possidet, quod ad reliquas omnes causas pertinet, qui accepit, possidet » (2). Le domaine de la chose donnée en gage n'est donc pas aliéné; néanmoins le créancier acquiert sur elle le droit tout particulier qui constitue sa garantie, et de plus les effets du droit de possession se partagent entre lui et celui de qui il tient le gage.

Le gage, comme il ressort de ce que nous venons de dire, n'est qu'un droit accessoire, subordonné à

---

(1) L. 1 § 1, D., *De pign. act.* (13, 7).

(2) L. 1, § 15, D., *De acquir. possess.* (41, 2). — L. 16, D., *De usurpat.* (41, 3).

l'existence d'une créance dont il garantit le paiement. On peut donc, jusqu'à un certain point, considérer l'objet du gage comme obligé lui-même
envers le créancier; aussi voyons-nous souvent
appliqués au droit de gage des termes qui appartiennent à la doctrine des obligations, ainsi *pignoris obligatio*. Il ne faudrait pas en conclure
que le gage soit de sa nature un droit d'obligation,
c'est un véritable droit réel, civil et appartenant à
la catégorie des contrats de bonne foi, mais qui se
régit, à beaucoup de points de vue, d'après les principes du droit de créance qui lui sert de base.
N'étant qu'un droit purement accessoire, l'existence et la durée du gage dépendent de la validité
de l'obligation dont il assure le paiement et cette
obligation peut avoir pour objet non-seulement de
l'argent, mais encore une prestation quelconque (1).
Peu importe également la modalité qui affecte
l'obligation; la condition est-elle suspensive ou résolutoire elle régit aussi le gage (2). Toutes espèces de
créances peuvent être garanties par un gage, qu'elles
dérivent des contrats ou d'autres sources; en un mot
tout ce qui peut faire l'objet d'une vente peut aussi
faire l'objet d'une constitution de gage (3). Non-
seulement pour une obligation civile, mais pour
une obligation naturelle elle-même le gage peut être

(1) L. 9, § 1, D., *De pign. act.* (13, 7).
(2) L. 4, D., *quæ res pign. vel hypoth.* (20, 3).
(3) Gaïus, liv. IX, *Ad Edict. provinc.*

valablement constitué et par ce moyen elle se trouvera pourvue d'une action. Cette dernière doctrine n'est cependant pas universellement admise, certains auteurs pensent que le contrat de gage qui garantit une obligation naturelle ne produit pas d'action, mais seulement un droit de rétention sur l'objet donné en gage. Ajoutons enfin que le gage n'aurait aucune valeur, qu'il ne pourrait exister même un seul instant, s'il avait été établi comme garantie d'une obligation entièrement nulle ou paralysée par une exception perpétuelle comme celle résultant du sénatusconsulte Vélléien pour la femme qui s'obligerait; il serait puéril en effet de supposer qu'une loi établissant une prohibition accorde à ceux qui voudraient s'en affranchir un moyen pour la tourner aussi facile que la constitution d'un gage ou d'une hypothèque. Mais s'il s'agissait d'un débiteur capable de renoncer au bénéfice de la *perpetua exceptio* introduite par la loi en sa faveur, et s'il faisait de plus cette renonciation en parfaite connaissance de cause, le gage qu'il constituerait comme garantie de son obligation serait valable, et l'on pourrait même envisager cette constitution de gage comme une renonciation tacite aux moyens qu'il était en droit d'invoquer (1). De même, nous savons que le fils de famille qui emprunte une somme d'argent ne contracte qu'une obligation purement naturelle, mais que s'il vient à la resti-

______

(1) L. 22, C., *Ad senatusconsult. Velleian.* (4, 29).

tuer il ne peut pas la répéter; or il ne pourrait pas non plus conférer un gage à celui qui lui a fourni cet argent, car autrement il tournerait la disposition du sénatusconsulte Macédonien. Mais si c'est un tiers qui constitue le gage au profit du créancier, il y aura lieu d'appliquer par analogie la même règle que pour la fidéjussion : si ce tiers a fait cette constition de gage *animo donandi*, elle sera valable car le sénatusconsulte Macédonien demeure observé; elle sera nulle au contraire s'il l'a faite *jure communi.*

Le contrat de gage peut en effet intervenir pour garantie d'obligations même étrangères à la personne du constituant, pour sûreté de la dette d'autrui : *dare autem quis hypothecam potest, sive pro sua obligatione, sive pro aliena* (1). Enfin si le consentement du débiteur ne s'est pas expressément restreint au capital de la dette, le gage constitué garantira tant le capital que les intérêts et autres accessoires de la créance (2).

Après avoir indiqué les traits généraux qui font du gage un droit accessoire, voyons ceux qui font de lui un droit indivisible. Par droit indivisible, on n'entend pas dire qu'il serait impossible de donner en gage une fraction déterminée d'un objet mobilier, ni qu'il serait défendu d'engager une chose tout entière pour garantie de partie seule-

---

(1) L. 5, § 2, D., *De pign. et hyp.* (20, 1).
(2) L. 11, § 3, D., *De pign. act.* (13, 7).

ment d'une créance; mais on veut indiquer que la nature du gage est telle que le droit existe en totalité pour toute la créance et pour tous ses accessoires, non-seulement sur l'ensemble de la chose engagée mais aussi sur chacune de ses parties. De la sorte, s'il y a par exemple payement partiel, ou division de la dette ou de la créance, la chose n'en reste pas moins engagée en totalité pour le reliquat ou pour chaque fraction de ce qui reste dû. Si, à l'inverse, la chose vient à périr en partie ou à être divisée, chaque fraction de cette chose n'en reste pas moins engagée pour la totalité de ce qui est dû. De même, si plusieurs objets distincts ont été engagés pour garantie d'une seule créance, aucun de ces objets ne sera libre tant que la créance n'aura pas été acquittée dans son intégrité (1). Dans le même ordre d'idées, nous dirons que si plusieurs débiteurs, pour des dettes distinctes, ont constitué un gage en faveur du même créancier, le droit de gage de ce créancier ne sera nullement amoindri si l'un des débiteurs vient à acquitter sa dette (2). Que la créance soit partiellement éteinte par un payement ou d'une autre manière, le droit du créancier sur le gage n'en subsiste donc pas moins tout entier; ce principe trouve son application lorsque le créancier hérite de son débiteur en concours avec des cohéritiers, l'effet de la confusion

(1) L. 19, D., *De pign. et hyp.* (20, 1).
(2) L., 16, C., *De dist. pign.* (8, 28).

qui s'opère alors lui fait perdre dans sa créance
une part proportionnelle à celle pour laquelle il est
héritier, son droit de gage subsiste néanmoins
dans son intégrité, comme auparavant.

Ajoutons enfin que la division active ou passive
de l'obligation principale qui s'opère à l'ouverture
de la succession dont cette obligation fait partie,
n'exerce également aucune influence sur le gage qui
garantit cette créance. Si donc le créancier meurt
laissant plusieurs héritiers, chacun, il est vrai,
n'aura d'action personnelle contre le débiteur que
pour sa part, mais pour cette part il peut, s'il n'est
pas payé, s'emparer du gage tout entier : « Mani-
« festi et indubitati juris est, defuncto creditore,
« multis relictis heredibus, actionem quidem per-
« sonalem inter eos ex lege XII Tabularum dividi :
« pignus vero in solidum unicuique teneri (1). »
De même, chacun des héritiers du débiteur principal, ne pourra être poursuivi personnellement que
pour sa part et portion, et cependant, si l'un d'eux
détient seul l'objet donné en gage, il devra l'abandonner tout entier au créancier qui l'exigerait (2).
Mais, de crainte que le fardeau de la dette ne
retombe ainsi tout entier sur un seul des codébi-
teurs, nous voyons que le créancier saisissant aura
sans doute le droit de vendre le gage, mais à condition de restituer au débiteur les parts de dettes déjà

(1) L. 1, C., *Si unus ex pluribus* (8, 32).
(2) L. 2, C., *h. tit.*

payées par ses cohéritiers et jusqu'à concurrence du montant de la vente du gage (1).

Il résulte de ce principe d'indivisibilité que le caractère juridique du gage s'étend à toutes les parties dont se compose la chose engagée et à toutes celles dont elle pourra s'augmenter avec le temps; c'est ce qui a lieu particulièrement pour les *universitates rerum distantium*, comme un troupeau, une bibliothèque; le gage s'étendrait donc à leurs accroissements successifs (2).

Il faut ajouter que le droit de gage continuerait à subsister avec toute sa force sur tous les objets compris dans l'*universitas* lors de la formation du gage, et qui viendraient dans la suite à être aliénés, alors même qu'ils seraient remplacés par d'autres. Ce dernier point ne doit cependant pas être accepté d'une façon trop absolue, et il y a des cas dans lesquels il est manifestement équitable et conforme à l'intention présumée des parties de faire fléchir la rigueur de ce principe. C'est ce que le jurisconsulte Scévola a parfaitement démontré, quand, supposant qu'un débiteur a engagé à son créancier toutes les marchandises renfermées dans son magasin, il décide que le droit de gage ne frappera pas les diverses marchandises que ce débiteur pourrait vendre, mais qu'il portera uniquement sur les objets qui se trouvent dans la boutique ou sur ceux

(1) L. 11, D., *De pign. act.* (13, 7).
(2) L. 13, pr., D., *De pign. act.* (13, 7).

qui ont été achetés en remplacement des autres (1),
Il serait en effet contraire à l'intérêt du créancier
gagiste lui-même que des objets destinés à être
vendus et qui ne se trouvent entre les mains du
débiteur que pour que celui-ci en profite et amé-
liore ainsi sa position, soient frappés d'inaliénabilité. Par des considérations analogues, il faut
décider que les *invecta et illata* que le locateur
pourra saisir, seront seulement ceux garnissant la
maison louée au moment où le locateur aura besoin
de faire valoir son gage. Ce que l'objet du gage produit naturellement, ainsi le croît d'un troupeau,
l'enfant que la femme esclave met au monde, est
considéré comme une extension tacite et naturelle
du gage, comme une fraction de son ensemble juridique.

Aussi longtemps que le contrat de gage ne pût se
former qu'au moyen d'une aliénation par *manci-
patio* ou *in jure cessio* accompagnée d'un contrat de
fiducie, les choses susceptibles du *dominium ex
jure quiritium* pouvaient seules être données en
gage. Puis, quand le gage consista dans la transmission de la possession faite par le débiteur au
créancier, on ne put engager que les choses susceptibles de cette possession juridique. Enfin, lorsque
l'édit du préteur pourvut le créancier d'une action
réelle, tout ce qui était dans le commerce put servir
à former le contrat de gage. Ainsi donc toute chose

(1) L. 34, pr., D., *De pign.* (20, 1).

susceptible d'achat et de vente peut être donnée en gage, sans qu'il y ait, comme chez nous, de distinction à faire entre les meubles et les immeubles. L'hypothèque, sans aucun doute, lorsque le préteur l'eût introduite à Rome s'appliqua la plupart du temps aux immeubles, et la convention de gage dut prendre l'habitude de se restreindre aux meubles ; mais il n'y avait pas là de règle absolue, et, de même que des meubles pouvaient faire l'objet d'un pacte d'hypothèque, des immeubles pouvaient aussi être donnés en gage. On pouvait engager non-seulement des choses corporelles mais encore des choses incorporelles ; quant aux choses futures, le gage supposant la remise de la possession, il en résulte qu'on ne peut engager qu'une chose actuellement existante. Un débiteur aurait pu hypothéquer au contraire des biens à venir. Quant à la question de savoir si l'on peut donner en gage des *res alienæ*, c'est-à-dire des choses dont le débiteur n'est pas propriétaire au moment même où il fait cette constitution, il faut dire que non, en se conformant aux décisions des jurisconsultes romains et aux Constitutions des empereurs (1); de plus, celui qui engagerait sciemment une chose ne lui appartenant pas encourrait la peine du stellionat. Cependant si en donnant en gage la chose d'autrui, le débiteur l'avait fait sous la condition suspensive

____

(1) L., 2, L., 4, L. 6, L. 8, C., *Si alienæ res* (8, 16). — L. 2, D., *De pign. act.* (13, 7).

qu'il en deviendrait propriétaire, et qu'il en devint par la suite effectivement propriétaire, Marcien nous dit que cette constitution de gage sera valable : « aliena res utiliter potest obligari sub con-» ditione si debitoris facta fuerit (1). Il faut aller plus loin et dire que le gage de la chose d'autrui, même sans condition ni réserve de l'acquisition future, produira encore cet effet que le créancier aura une *utilis actio* pour poursuivre son droit, si le débiteur devenait plus tard propriétaire de ce qu'il a ainsi donné en gage. Cette disposition aussi importante qu'équitable résulte expressément de ce texte des empereurs Dioclétien et Maximien : « cum res, quæ necdum in bonis debitoris est, pi-» gnori data ab eo, postea in bonis ejus esse inci-» piat, ordinariam quidem actionem super pignore » non competere, manifestum est : sed tamen æqui-» tatem facere, ut facile utilis persecutio exemplo » pignoratitiæ detur (2). »

D'après le droit civil pur et rigoureux, le gage ne se formant que par la tradition réelle de l'objet et engendrant un *jus in re*, les choses incorporelles n'étaient pas susceptibles d'être mises en gages : « incorporales res traditionem et usucapionem non » recipere manifestum est (3). Mais, lorsque le pré-teur eut créé la quasi-possession et la quasi-tradi-

<hr>

(1) L. 16, § 7, D., *De pign. act.* (13, 7).
(2) L. 5, C., *Si aliena res* (8, 16).
(3) L. 16, § 2, D., *De pign. act.* (13, 7); — L. 11, § 2, D., *in quibus causis* (20, 1).

tion, les créances purent être données en gage, et la remise du titre devint l'équivalent de la remise de la chose elle-même. En vertu des mêmes principes, les servitudes personnelles, autres que l'usage, purent faire l'objet du droit de gage quant à leur exercice ; le droit d'exercer un usufruit peut en effet être vendu ; mais comme ce n'est que l'exercice de la servitude et non le droit lui-même qui sera alors donné en gage, ce gage s'éteindra en même temps que l'usufruit. Les servitudes réelles au contraire, étant par elles-mêmes inaliénables, ne pourraient être engagées qu'avec le fonds dominant dont elles dépendent. Mais la solution sera différente, et nous admettrons parfaitement qu'un propriétaire pourrait autoriser son créancier à constituer, à défaut de payement, une servitude sur sa propriété, afin de s'indemniser sur le prix de cette constitution ; il ne s'agira pas alors de la vente d'une servitude mais bien plutôt de la création d'une nouvelle au profit du créancier. De pareilles sûretés peuvent être accordées à un créancier à propos de toutes les servitudes, tant personnelles que réelles (1); toutefois, les servitudes *prædiorum urbanorum* exigeant de celui qui a le droit de les exercer des conditions toutes spéciales et par conséquent ne pouvant trouver que difficilement un

____

(1) L. 11, § 2, L. 12, L. 15, pr., D., *De servit.* (8, 1).

acquéreur, ces servitudes ne sont pas susceptibles de former l'objet du gage (1).

Les offices, *militiæ*, peuvent aussi être donnés en gage ; de même les droits d'emphytéose et de superficie, avec cette remarque, qu'ils peuvent l'être d'une façon absolue et non pas seulement quant à leur exercice, que le droit de gage portera sur la chose corporelle affectée de droits d'emphytéose ou de superficie et non pas sur les droits seulement.

Nous avons dit que les créances pouvaient aussi former l'objet d'un droit de gage; dans ce cas, l'opinion la plus généralement répandue parmi les commentateurs est que le *pignus nominis* impliquait forcément une *cessio nominis*. Quel est en effet le but essentiel, l'objet capital de la constitution de gage, sinon de conférer au créancier une garantie sérieuse sanctionnée par le droit éventuel de vendre la chose impignorée? or, n'est-il pas légitime de supposer que le débiteur, en remettant à son créancier une créance à titre de gage, ait entendu, en même temps, lui conférer le droit éventuel de vendre cette créance et d'en toucher le prix, au cas où il ne le payerait pas à l'échéance. Or, le créancier gagiste ne pourra atteindre ce résultat, que s'il est investi de l'action par voie de cession; de plus, il ne s'agit pas ici d'une cession pure et simple, à laquelle s'oppose la nature du *pignus*, mais d'une cession subordonnée à la condition que le débiteur ne payera

(1) L. 11, § 3, D., *De servit.* (8, 1).

pas. Comme d'ailleurs, la logique rigoureuse du droit romain n'autorise que la cession de l'exercice de la créance, que la cession des actions résultant de la créaice, au moyen de la *procuratio in rem suam*, et non pas la cession du droit lui-même, le créancier gagiste aura donc la faculté éventuelle, comme *procurator in rem suam*, soit de vendre les actions résultant de la créance, soit d'intenter les actions de son débiteur comme actions utiles. Cette idée, que la *cessio nominis* est une conséquence rationnelle et nécéssaire du *pignus nominis*, n'est cependant pas universellement acceptée. Le jurisconsulte allemand Vangerow (Lehrbuch p. 813) dit au contraire « bien qu'on ne puisse réaliser la créance d'autrui qu'en vertu du *mandatum actionis*, il n'en faut pas conclure que l'impignoration d'un *nomen* doive être considérée comme une cession éventuelle ou conditionnelle, et que le gagiste doive être traité comme un cessionnaire : il est au contraire nécessaire de laisser ici place aux règles du *pignus* ».

Sans doute, nous ne pouvons considérer le *pignus nominis* comme une cession véritable et complète de la créance, mais il est nécessaire cependant de l'envisager comme une sorte de cession, limitée il est vrai aux fins particulières du *pignus*, et prenant fin aussitôt que la créance garantie sera éteinte, car autrement la garantie qui résulterait pour le créancier du gage de la créance serait entièrement illusoire.

Celui qui a reçu une créance en gage pourra donc

la vendre, ce qu'il fera en constituant un tiers, moyennant une certaine somme, *procurator in rem suam*. En second lieu, le créancier gagiste, par la voie d'une action directe ou d'une action utile, selon que les actions de son débiteur lui auraient été cédées effectivement ou fictivement, pourra aussi poursuivre lui-même le débiteur de son débiteur comme *procurator in rem suam*. Mais comme il s'agit, ainsi que nous venons de l'indiquer, d'une cession limitée aux fins particulières du *pignus*, il va de soi que le créancier gagiste ne peut demander au débiteur de son débiteur que ce qu'il doit, et que si sa créance personnelle est moins élevée, il devra restituer l'excédant à son débiteur. Ajoutons enfin que le créancier qui reçoit une créance en gage devra faire connaître au débiteur de son débiteur qu'il a été nanti de cette créance afin que cette cession conditionnelle de la créance ne reste pas sans effet à l'égard de ce débiteur (1).

Le gage lui-même est susceptible d'être engagé; un débiteur peut donc donner en gage à son créancier la chose que, de son côté, il avait précédemment reçue en gage de son propre débiteur; il y a alors sous-gage, *subpignus*, ce que les Romains nomment *pignus pignori datum* (2). Remarquons que dans tous les textes où il est question de cette espèce de gage, on ne parle que de l'engagement que le créan-

---

(1) L. 40, § 2, D., *De pign. act.* (13, 7). — L. 13, § 2, D., *h. tit.*
(2) L. 1, pr., C., *Si pignus pignori datum sit* (8, 24).

cier gagiste fait de la chose elle-même qui lui est déjà engagée, du *id quod pignori obligatum est*, et jamais de l'engagement de son droit de créance. Cette constitution de gage procurera à celui que nous appellerons le sous-gagiste, le droit de vendre, à défaut de payement, l'objet engagé de la même manière et aux mêmes conditions que son débiteur. Le sous-gagiste est donc en quelque sorte substitué, relativement au droit de vendre le gage, au lieu et place de son débiteur. Comme il ne fait que remplacer ce débiteur, il en résultera, d'une part, que si sa propre créance dépasse celle de son débiteur, il ne pourra prélever sur le prix de la vente du gage que le montant de la créance de son débiteur, et d'autre part, que si sa créance est la moins élevée, il n'a droit qu'à son montant. Dans le premier cas, il devra restituer la différence au débiteur de son débiteur, dans le second cas à son propre débiteur (1).

On a soutenu, comme conséquence de ce système, que le *subpignus* entraînait nécessairement gage de la créance elle-même appartenant au débiteur, que le *subpignus* renfermait toujours un *pignus nominis*. On se fonde sur ce que le droit de vendre le gage ne pouvant dériver que de la qualité de créancier, le droit de vente appartenant au sous-gagiste doit impliquer virtuellement la cession et le gage de la créance elle-même. On invoque également

____

(1) L. 1, pr., C., *Si pignus pign., datum sit* (8, 24).

l'intention présumée des parties. Nous ne pouvons admettre une théorie qui aggraverait singulièrement la position du débiteur en se fondant sur une intention nullement présumée, selon nous, et peu présumable de la part de ce débiteur. A la rigueur, nous ne pouvons même pas engager une chose sur laquelle nous n'avons nous-même qu'un droit de gage, mais nous pouvons céder à un autre la faculté d'exercer en notre nom, et de la même manière que nous les exercerions, les pouvoirs contenus dans notre droit. Décider que la créance garantie par le gage se trouve aussi et du même coup engagée dans le *pignus pignori datum*, nous semble une extension du *subpignus* manifestement contraire à la nature des choses et au texte même de la loi 13, § 2, D., de *pign. et hyp.* (XX, I). Cette loi en effet, après avoir établi la validité du contrat sous-pignoratif, ajoute : « Si le propriétaire paie la somme qu'il doit, le gage du second créancier est aussi éteint, et on peut douter si ce second créancier aura ou non l'action utile pour obtenir les écus payés au premier. »

C'est dire bien clairement que le *subpignus* n'entraîne nullement *pignus nominis* ou gage de la créance, car nous savons que celui qui obtient une créance en gage a une action utile pour s'emparer, à défaut de paiement, du montant de cette créance. Le système que nous adoptons, confirmé par le texte de Marcien que nous venons d'indiquer, se fonde donc sur ce que dans le doute et le silence des parties, la règle est, autant que possible, de ne pas aggraver la situation d'un débiteur. On objecte, il est vrai, qu'on ne peut agir comme créancier gagiste ou hypothécaire sans agir en même temps personnellement, que le droit de vendre le gage ne saurait exister si l'on n'était pas, en même temps, créancier dans l'obligation qui a motivé la constitution première du gage. A cela nous répondons qu'on peut être défendeur à l'action hypothécaire, par exemple, sans être personnellement tenu de la dette, ainsi le détenteur d'un immeuble hypothéqué ou la caution réelle ; pourquoi ne pourrait-on pas être demandeur à l'action hypothécaire sans être aussi personnellement créancier ?

Pour des raisons d'ordre public ou d'intérêt général, la loi défendait d'engager certaines choses qui n'étaient cependant pas hors du commerce ; c'étaient les choses litigieuses, les immeubles compris dans la dot ou la donation *propter nuptias*, les biens des fils de famille administrés par le père, les esclaves et les animaux attachés à la culture ainsi que les instruments agricoles (1). Enfin l'ordre du magistrat, une disposition testamentaire ou la volonté des parties pouvaient s'opposer à l'engagement de choses susceptibles cependant d'achat et vente.

Il y avait en droit romain quatre espèces de gages : le gage conventionnel, testamentaire, judiciaire et tacite.

____

(1) L. 11, § 3, D. *De pign. act.* (XIII, 7).

La convention des parties accompagnée de la tradition de la propriété d'abord, puis ensuite de la possession seulement de l'objet engagé, ainsi que nous l'avons précédemment exposé, était le mode de constitution du gage volontaire ou conventionnel.

En second lieu, un débiteur dans son testament, pouvait constituer un gage au profit de son créancier. Ce gage testamentaire existait-il à l'époque des jurisconsultes classiques? il est permis d'en douter car il n'en est fait mention pour la première fois que dans des rescrits de Septime-Sévère et d'Antonin Caracalla (1).

La date de la constitution du gage testamentaire variait selon l'objet sur lequel il portait; était-il établi sur la chose du testateur, le gage datait du jour de la mort, et à ce moment l'héritier devait en faire tradition au créancier. Était-il établi sur la chose de l'héritier, la constitution de gage ne datait que du jour de son adition d'hérédité.

Le gage judiciaire résultait du *pignus prætorium* ou du *pignus ex causa judicati captum*. Le *pignus prætorium*, ainsi nommé parce qu'il tire son origine de l'édit du préteur, existait dans un certain nombre de circonstances, ainsi après la *missio in bona* ou *in possessionem* (2). Ce *pignus prætorium*

---

(1) L. 26, pr., D., *De pign. act.* (XIII, 7).
(2) L. 26, pr., D., *id.*

conférait un droit de rétention sur la chose donnée en gage; donnait-il aussi le droit de la vendre? On l'ignore jusqu'à Justinien qui trancha la question dans le sens de l'affirmative (1).

Il y avait *pignus ex causa judicati captum*, lorsqu'un créancier, après avoir obtenu un jugement, faisait saisir les biens de son débiteur; cette *pignoris capio* avait lieu comme moyen de contrainte ou comme moyen d'exécution contre un débiteur qui ne payait pas après les délais accordés par le juge. C'était donc un gage résultant de la saisie et qui ne commençait qu'au moment de la saisie.

Enfin le gage était établi tacitement en vertu de dispositions légales. Cette affectation tacite de certains biens déterminés, ou même, dans certains cas, de tous les biens du débiteur, est la source des privilèges mobiliers que le Code civil, dans son article 2102-1°, a basés sur une une idée de gage. Ainsi, les *invecta et illata* apportés par le locataire d'un fonds urbain étaient le gage tacite du locateur, pour garantie des obligations résultant du bail (2). S'il y avait sous-location, le gage tacite frappait aussi sur les meubles apportés par le sous-locataire, jusqu'à concurrence de ce qu'il devait au locataire principal. Les *invecta et illata* du locataire d'un fonds rural n'étaient, au contraire, frappés d'un droit de gage qu'autant qu'il y aurait eu stipula-

(1) L. 2, C., h. tit. (VIII, 22).
(2) L. 4, pr., D., *De pact.* (11, 4).

tion expresse, mais il y avait gage tacite au profit du propriétaire sur les fruits produits par ce fonds, aussitôt qu'ils en étaient détachés (1),

Nous n'avons pas à parler d'un grand nombre d'autres sûretés, soit générales, soit spéciales, qui ont été successivement introduites dans la législation romaine, notamment par Justinien, et qui rentrant dans la matière des hypothèques proprement dites, dépasseraient le cadre que nous nous sommes tracé,

Ce que nous venons de dire montre suffisamment que, pour constituer un gage, il faut être capable d'aliéner, puisque la constitution du gage entraîne une aliénation conditionnelle; les incapables ont donc besoin, pour conférer un droit de gage, de l'autorisation de leurs tuteurs ou curateurs, homologuée par le magistrat (2).

CHAPITRE II,

EFFETS DU DROIT DE GAGE,

Le contrat de gage étant un de ceux qui se formaient *re*, ne pouvait exister qu'autant qu'à l'accord

(1) L. 24, § 1, D,, *Locati* (XIX, 2).
(2) L. 1, pr., D., *Quœ res pign.* (20, 3).

des volontés s'était jointe une tradition effective de la possession de l'objet engagé; la propriété continuait à résider sur la tête du débiteur, bien que n'ayant plus la possession matérielle, il continuait à posséder *ad usucapionem* (1), ce qui lui permettait d'acquérir la propriété par prescription au cas où il n'aurait pas été propriétaire au moment où le contrat de gage s'était formé. Quant au créancier, il avait la possession proprement dite avec les moyens de droit nécessaires pour sauvegarder cette possession.

Mais, supposons qu'au moment d'effectuer la tradition promise le débiteur s'y refuse, le créancier n'aura pas le droit d'entrer, de sa propre autorité, en possession de son gage, il ne pourra que s'adresser au magistrat (2).

Nous voyons en effet que la femme, à la dissolution du mariage, ne pourrait reprendre, sans autorisation du juge, la dot qu'elle s'était constituée (3) ; or, on ne peut admettre qu'un créancier n'ayant qu'un simple droit de possession soit mieux traité, à cet égard, qu'un propriétaire véritable.

Suivant Ulpien et un texte des empereurs Dioclétien et Maximien, le créancier gagiste qui emploierait la violence pour s'emparer de la chose qui lui a été engagée pourrait être tenu de l'action *vi*

(1) L. 10, D., *De usurpat.*
(2) L. *cum creditor*, 55; D., *De furti* (47, 2).
(3) D., *Sol. matrim.* (24, 3).

bonorum raptorum ; mais, comme l'exercice de cette action suppose que celui contre qui elle est intentée a commis un *furtum*, et que nous ne sommes pas ici précisément dans ce cas, elle ne sera donnée qu'*utiliter* contre ce créancier : « Res obli» gatas sibi creditorem vi rapien*tem* non rem lici» tam facere, sed crimen committere convenit, eum » que etiam vi bonorum raptorum, intra annum » utilem in quadruplum, post simpli actione con» veniri posse, non ambigitur (1). » Un décret de Marcus (2) condamne d'autre part à la perte de son droit de créance le créancier qui, sans employer la violence, s'emparerait du gage de son autorité privée, sur le refus de son débiteur de le lui livrer, ou à l'insu de ce débiteur.

Ajoutons que la convention préalable d'après laquelle le créancier serait autorisé à recourir à la violence pour s'emparer de son gage ne saurait procurer à ce créancier une impunité que la loi Julia sur la violence publique ou privée ne lui accorde en aucun cas ; une semblable convention étant en effet manisfestement contraire aux bonnes mœurs ne pourrait être d'aucune valeur. Le créancier qui veut se mettre régulièrement en possession du gage si le débiteur refuse de le lui livrer, doit donc s'adresser au magistrat.

Quel est donc le moyen pétitoire mis à la dis-

____

(1) L. 2, § 18, D., *vi bon. rapt.* — L. 3, C., (9, 23).
(2) *Quod metùs causa*, D. (4, 2), L. 13.

position du créancier pour faire valoir le droit de gage, le *jus in re* qui lui a été conféré? c'est l'action servienne et l'action quasi-servienne appelée aussi hypothécaire, et que la juridiction prétorienne a mise à la disposition des créanciers gagistes ou hypothécaires. « L'action servienne, nous dit Justinien, appartient spécialement au propriétaire voulant exercer son droit sur les *invecta et illata* d'un fermier qui lui sont affectés à titre de gage, pour les fermages du fonds; par l'action quasi-servienne, dérivant par analogie de la première, des créanciers poursuivent leur droit de gage ou d'hypothèque (1). »

L'action quasi-servienne est donc une action *in rem*, prétorienne, *in factum* et qui a pour but de faire mettre le créancier gagiste en possession de sa chose.

La formule de cette action qui ne nous est pas parvenue mais que l'on a reconstituée renferme une *intentio* démonstrative, une *condemnatio* et le pouvoir donné au juge de faire restituer. L'*intentio* est rédigée *in factum* parce que le préteur ne peut constituer de droits selon le *jus civile*; de plus, cette *intentio* étant *in rem* on ne fait pas figurer le nom du défendeur. Elle contient l'*arbitrium judicis*; l'action est donc arbitraire, l'ordre est de restituer la chose ou de payer le créancier.

Cette action servira donc au créancier à se faire

____

(1) Instit., § 7, pr., *De action.*

mettre en possession de la chose qui lui a été donnée en gage. Il ne sera pas nécessaire d'attendre, pour l'intenter, que la dette soit devenue exigible, comme en matière d'hypothèque : « Quæ- » situm est, dit Ulpien, si nondùm dies pensionis » venit, an et medio tempore persequi pignora » permittendum sit. Et puto dandam pignoris per- » secutionem, quia interest mea (1). »

En employant cette action, le créancier exerce le pouvoir le plus énergique parmi les pouvoirs compris dans le droit de propriété ; l'action apparaît même comme une sorte de revendication de la chose engagée, aussi est-elle encore appelée *vindicatio pignoris*, ou *pignoris persecutio*, ou bien encore *persecutio hypothecaria*. Elle est encore désignée dans les sources sous le nom de *pigneratitia actio* ; mais nous éviterons de lui donner ce nom pour ne pas la confondre avec l'action personnelle qui résulte du contrat de gage en faveur et à l'encontre des deux parties, et dont nous parlerons un peu plus loin.

L'action quasi-servienne suppose donc nécessairement que le créancier qui l'intente n'est pas actuellement en possession de l'objet qui lui est engagé, soit qu'il n'ait encore jamais eu cette possession, soit qu'il l'ait perdue. Comme elle est, avons-nous dit, une espèce de revendication, une *vindicatio pignoris*, le défendeur pourra faire valoir, par

---

(1) L. 14, pr., D., *De pign. et hyp.* (20, 1).

analogie et en tant que les circonstances le permettent, les mêmes exceptions que celles qui pourraient être opposées à une revendication. Justinien introduisit en outre, en faveur du tiers détenteur de l'objet engagé, le bénéfice de discussion préalable sous le nom d'*exceptio ordinis* ou *excussionis personalis*. Dans l'ancien droit, le créancier pouvait librement et d'une manière efficace faire valoir son *jus in re* contre tout possesseur du gage, sans avoir besoin de faire, au préalable, aucune tentative pour obtenir le payement de ce qui lui était dû. Mais une Novelle de Justinien autorisa le tiers détenteur poursuivi, à mettre le créancier en demeure de discuter d'abord le débiteur et ses cautions avant de recourir à la revendication du gage.

Le demandeur à l'action quasi-servienne devra prouver non-seulement son droit de créance et la convention constitutive de gage, mais il aura de plus à établir que le défendeur est propriétaire de ce gage, qu'il le possède ou qu'il a cessé de le posséder par dol. Le défendeur quel qu'il soit, pour exécuter l'*arbitrium* du juge, devra restituer le gage au créancier, à moins qu'il ne préfère acquitter la dette ; s'il s'y refuse, le juge, en supposant qu'il s'agisse d'un défendeur autre que le débiteur, le condamnera à payer au demandeur des dommages-intérêts qui pourront excéder le montant de la dette elle-même. Cette indemnité qui remplace le gage, devra être restituée tout entière au débiteur s'il vient à payer sa dette à l'échéance.

Devenu possesseur du gage, le créancier a le droit
de le retenir jusqu'à ce qu'il soit intégralement
payé, c'est le *jus retentionis*, et de le vendre à défaut de payement. Comme sanction de ce droit de
rétention, et afin de pouvoir veiller à sa conservation, il était nécessaire que le gagiste fût nanti de
droits analogues à ceux que la loi a créés pour la
protection du propriétaire. Aussi, éprouvait-il
quelque trouble dans la possession de son gage, le
prêteur lui accordait *utiliter* les interdits *uti possi-
detis* et *utrubi*, selon qu'il s'agissait d'un gage immobilier ou mobilier; en était-il violemment dé-
possédé, il avait droit à l'interdit *undè vi*. Enfin le
créancier gagiste avait également qualité pour agir
en cas de *furtum* et de *damnum injuria datum*, le
débiteur fût-il parfaitement solvable; l'action *furti*
n'en continuait pas moins du reste à appartenir
aussi au propriétaire, *datur utrique quia utriusque
interest* (1). Cette action, qui appartient à quiconque souffre du vol, sera-t-elle donnée au créancier
gagiste avec la même étendue qu'au propriétaire
lui-même? C'est-à-dire, lui sera-t-elle donnée en se
basant sur la valeur même de la chose volée, ou
seulement eu égard au montant de la créance? Le
jurisconsulte Paul nous répond qu'on aura égard
à la valeur intégrale de la chose, mais que le créancier devra restituer au débiteur tout ce qui excède

____

(1) L. 12. § 2, D., *De furtis.*

le montant de sa créance (1). Ajoutons que le créancier pouvait intenter cette action *furti* contre le propriétaire même du gage, en cas de *furtum possessionis* de la part de ce propriétaire, ce qui arrivait quand après avoir engagé un objet, on le dérobait à son créancier.

Un moyen de se faire mettre en possession, plus ancien que l'action Servienne ou hypothécaire, était l'interdit Salvien; ce fut le premier essai destiné a donner une efficacité réelle à la simple convention de gage. Il n'appartenait à l'origine qu'au locateur d'un fonds rural pour se faire mettre en possession des *invecta* et *illata* du fermier, lesquels devaient lui être conventionnellement engagés, le gage tacite du propriétaire portant uniquement sur les produits du sol.

L'interdit Salvien accordé, dans le principe, au bailleur seulement, fut étendu dans la suite à tout créancier gagiste (2); on décide néanmoins en Allemagne qu'il n'a jamais appartenu qu'au bailleur. Il était donné non seulement contre le locataire mais aussi contre quiconque possédait les choses engagées au propriétaire. Une Constitution de l'empereur Gordien (3), établissant que cet interdit n'était accordé que contre *conductorem debitorem ve*, pouvait faire supposer, malgré les textes précis de Julien et

1) L. 15, pr., D., et L. 87, *De furtis*.
2) L. 43, tit. 1, *De interd.*, Paul, Sent. § 1. t 16
3) L. 1, C., *De precario* 6, 0.

de Théophile, que ses effets se restreignaient à la personne du preneur, mais le texte de cette constitution aurait été, paraît-il, altéré; d'après M. Machelard au lieu de *conductorem debitorem ve* il faudrait lire *conductorem debitorem que*; par là disparaît toute discordance avec les textes du digeste.

L'interdit Salvien dirigé contre le *colonus* réussira toujours; contre un tiers il ne réussira pas toujours car le bailleur ne saurait avoir, quant à la possession, plus de droits que le fermier lui-même. Or, le propriétaire ne pourra enlever au tiers détenteur la possession de la chose, qu'autant que le *colonus* aurait lui-même un moyen possessoire contre ce tiers, La création de l'action Servienne, postérieure à celle de l'interdit Salvien, restreignit sans doute sensiblement l'usage de cet *interdictum adipiscendæ possessionis*; il n'en continua pas moins cependant à présenter une utilité très-réelle. Et d'abord il est toujours utile à un créancier d'avoir deux moyens pour se faire mettre en possession de son gage, surtout lorsque ces deux moyens diffèrent autant l'un de l'autre. En second lieu l'action est un moyen pétitoire, l'interdit un moyen possessoire. La procédure par interdits avait, de plus, un caractère très-expéditif, et les preuves à administrer y étaient moins étendues que dans la procédure par actions; pour triompher dans l'interdit, le bailleur n'avait pas à prouver en effet comme dans l'action Servienne, que le *colonus* était propriétaire des objets qu'il avait apportés (1). Enfin, dans une certaine opinion, l'interdit Salvien n'était accordé qu'au bailleur d'un bien rural; l'action Servienne l'était à tout créancier.

Le but de l'interdit étant de procurer au demandeur la possession des objets engagés et déplacés, la sentence prononcée n'avait pas à statuer sur le droit réel du créancier gagiste. Les exceptions que le défendeur à l'interdit pouvait opposer ne pouvaient être que du genre de celles basées sur ce fait que ce défendeur aurait possédé en vertu d'une cause l'autorisant lui-même à invoquer cet interdit; dans ce cas les droits des deux parties semblant égaux, il y avait lieu d'appliquer la règle : *in pari causa melior est causa possidentis.* Ainsi, tandis que le jugement qui suivait l'action Servienne statuait sur l'existence du droit réel, du droit de gage, et avait par conséquent une portée définitive, celui qui intervenait à la suite de l'interdit Salvien assurait simplement la possession à celui qui triomphait, et consistait plutôt en une mesure simplement conservatoire du droit de gage.

Après avoir indiqué les moyens mis par la loi à la disposition du créancier pour obtenir, puis pour conserver la possession des objets qui lui sont engagés, examinons quels pouvaient être, pendant le cours de cette possession et jusqu'à l'échéance de la dette, les droits de ce créancier sur le gage et

(1) De Vangerow. Lehrbuch, t. 1, § 390.

les soins qu'il devait apporter à sa conservation.

L'objet essentiel, le but final du contrat de nantissement étant de donner au créancier le droit de s'indemniser sur le produit de la vente du gage, à défaut de payement, il en résulte que tant qu'il n'y a pas lieu d'exercer ce droit, le créancier ne saurait avoir aucun pouvoir sur la chose engagée; si, par conséquent, il venait à s'en servir, il commettait ce que les jurisconsultes romains nommaient un *furtum usûs* (1). Cependant, lorsque la chose est productive de fruits naturels ou civils, le créancier est autorisé à en disposer pour lui faire produire ces fruits; il doit en effet conserver et administrer le gage en bon père de famille, et il ne remplirait pas cette obligation en le laissant rester improductif. On avait, du reste, l'habitude d'adjoindre à la convention constitutive de gage, comme à celle d'hypothèque, le pacte d'antichrèse permettant au créancier de recueillir les produits de l'objet engagé pour lui tenir lieu des intérêts de sa créance. Étaient-ce des fruits naturels? Peu importait que ces produits fussent inférieurs ou supérieurs aux intérêts; c'était pour le créancier une convention aléatoire, il courait la chance des bonnes comme des mauvaises récoltes. Le gage au contraire produisait il des fruits civils, le créancier ne devait les toucher que jusqu'à concurrence du montant des intérêts qui lui étaient dus; le débiteur au moyen de l'action

(1) L. 1, § 6, *De oblig., ex delicto*, D., (4, 1).

pigneratitia directa se faisait restituer l'excédant.

Le gagiste devait non seulement administrer mais, de plus, veiller à la conservation de son gage. A défaut de conventions préalables et·relatives à cette conservation, quels genres de soins le créancier devait-il apporter à l'entretien de la chose engagée? la réponse à cette question se trouve dans un texte d'Ulpien fondamental en matière de fautes (1). On y voit que le contrat de gage est un de ceux dans lesquels le débiteur, et ici le débiteur sera le créancier tenu de la restitution éventuelle de l'objet engagé, est responsable de son dol et de sa faute et que cette faute s'appréciera *in abstracto*; il devra donc veiller à l'entretien du gage de la même manière qu'un père de famille diligent.

Quant aux droits du constituant sur le gage, il conserve, avons nous dit, ceux d'un propriétaire, contrairement à ce qui se passait dans le très-ancien droit; malgré son dessaisissement, il continuera donc l'usucapion commencée, s'il n'était pas encore propriétaire lors de la création du gage. Rien ne s'opposerait non plus à ce que le débiteur conférât des hypothèques sur l'objet déjà donné en nantissement, à condition toutefois d'avertir son nouveau créancier de la situation particulière de l'objet hypothéqué, autrement il se rendrait coupable de stellionat. Le débiteur peut être en effet considéré comme ayant un droit de propriété subordonné à la

(1 L. 23. D.. *De reg. juris* 50. 17

condition qu'il payera à l'échéance la dette en vue de laquelle il a constitué le gage; il pourra donc valablement conférer toutes espèces de droits sur la chose engagée, l'aliéner même si bon lui semble, avec cette réserve que ces différents actes seront assujettis à la même éventualité que son droit de propriété lui-même.

Supposons maintenant arrivée l'époque du payement; ou le débiteur exécutera son obligation, ou bien il ne sera pas en mesure de le faire. Dans le premier cas, il aura droit à la restitution du gage, mais seulement après avoir intégralement acquitté sa dette. Il ne suffirait pas que le débiteur déclarât qu'il est prêt à payer, mais il devra faire un payement effectif et réel; l'offre faite au créancier de lui fournir une autre satisfaction, de lui donner par exemple une caution, serait, à plus forte raison, insuffisante. Aussitôt désintéressé, le créancier devra restituer l'objet du gage ou mettre son ancien débiteur en mesure de le reprendre; ce dernier aura droit alors à une action *pigneratitia directa* pour le cas où son créancier croirait devoir le conserver. Cette action directe, que nous opposerons un peu plus loin à l'action *pigneratitia contraria*, n'était pas limitée au seul cas de restitution du gage; toutes deux, actions personnelles, avaient pour but, en général, de faire régler, d'après la bonne foi, les obligations que la constitution de gage avait fait naître entre les parties contractantes.

L'action directe sera donc accordée au constituant, non-seulement quand il aura payé, mais de plus, chaque fois qu'il aura désintéressé le créancier comme celui-ci le désirait; il a consenti, par exemple, à recevoir à la place de son gage une sûreté personnelle, un fidéjusseur ou un expromisseur; l'action directe prendra naissance alors même que le changement accepté par ce créancier lui serait défavorable. L'action dont il s'agit serait encore utilement exercée si le gage avait produit des fruits en quantité suffisante pour indemniser le créancier; ajoutons que si celui-ci avait volontairement négligé de les recueillir ou avait apporté dans leur perception une négligence blâmable, il n'en devrait pas moins la restitution de ce gage. Le juge, ayant ici toute la latitude d'appréciation qu'il a dans les contrats de bonne foi, devra examiner si les fruits que le créancier a négligé de percevoir, auraient été suffisants pour le désintéresser; il ne faut pas, en effet, que le dol ou la négligence d'un créancier aggravent la position d'un débiteur.

Dans le même ordre d'idées, nous donnerons encore l'action directe au constituant pour se faire indemniser des détériorations occasionnées par le fait du créancier, ou bien encore de la perte totale ou partielle du gage et qui ne serait pas survenue par cas fortuit. Comme d'ailleurs, il peut se faire que ces détériorations ne soient pas appréciables à l'époque où le gage sera restitué, le créancier pourrait être contraint de fournir au débiteur une caution *de dolo* pour le cas où ces détériorations se révèleraient ultérieurement. L'action pignératitienne garantit en effet le débiteur, d'une façon générale, contre le dol ou la faute de son créancier responsable de la garde de l'objet engagé, mais non de la force majeure ni des cas fortuits.

Nous pensons que l'action dont il s'agit pourrait servir au débiteur à réclamer, même avant l'échéance de la dette, la chose engagée si le créancier la laissait, avec intention, se détériorer. Par là, ce créancier se rend indigne de conserver une garantie dont il fait volontairement un aussi mauvais usage. Malgré l'opinion contraire de certains auteurs, nous sommes d'avis que l'abus de jouissance commis par le créancier devra permettre, dans tous les cas au débiteur, de se faire restituer la chose engagée; il est présumable que l'espèce spécialement prévue par Ulpien (1) sur cette question, n'a été donnée par ce jurisconsulte qu'à titre d'exemple.

Celui qui donne un gage doit en être propriétaire; l'action *pigneratitia directa* serait néanmoins accordée à un débiteur, possesseur de mauvaise foi de la chose donnée pour sûreté de sa dette. Cette action lui appartiendra non-seulement pour se faire restituer le gage, mais aussi à propos des fruits, bien qu'il ne puisse personnellement en

____

(1) L. 24, § 3, D., *De pign. act.* (13, 7).

devenir propriétaire; le créancier qui aura de bonne foi consommé ces fruits devra les imputer sur le montant de sa créance.

L'action directe servira encore à faire profiter le constituant de tous les avantages que la possession du gage aurait particulièrement fait obtenir au créancier. Si, par exemple, l'objet engagé avait été volé au créancier, et qu'après avoir agi par l'action *furti*, ce dernier avait obtenu le double ou le quadruple de la valeur de ce gage, selon que le vol était non manifeste ou manifeste, ce créancier devra restituer au débiteur toute l'indemnité qu'il aura reçue, comme il restituerait le gage lui-même, ou encore les fruits excédant le montant de sa créance. Mais si le vol du gage avait été commis par le débiteur, la plupart des auteurs, et Papinien notamment, nous apprennent que ce débiteur n'aurait pas le droit de reprendre ce qu'il aurait été condamné à payer à la suite de la *condictio furtiva* intentée contre lui, car un vol ne doit pas rester impuni.

Il peut arriver que le prix de vente du gage soit supérieur au montant de la créance; le débiteur, au moyen de l'action pignératitienne, pourra se faire rendre l'excédant, avec les intérêts, aussitôt que l'acheteur aura payé. Si le créancier avait placé à intérêts cet excédant produit par la vente, ou s'il s'en était servi, il devra compte au débiteur des intérêts de cette somme; toutefois, il ne devrait pas d'intérêts s'il l'avait simplement gardé comme dépôt, à moins cependant, dit Paul (1), qu'il n'ait été mis en demeure de faire cette restitution.

Il arrivera fréquemment que cette action *pigneratitia directa*, intentée par le débiteur, provoquera une demande reconventionnelle de la part du créancier. Ce dernier, obligé de donner à la conservation du gage tous les soins nécessaires, pourra se trouver dans la nécessité de faire certaines dépenses exigées pour cette conservation. Il rentrera dans ses avances, soit en continuant à retenir le gage, soit en intentant à son tour l'action *pigneratitia contraria*. Observons que ces deux moyens ne font pas double emploi; il peut parfaitement arriver en effet, comme le dit Pomponius, que l'esclave engagé et pour la maladie duquel le créancier a fait certaines dépenses, vienne à mourir; que la maison qui formait sa sûreté et qu'il avait réparée à ses frais, soit détruite par un incendie; en cas pareils, le droit de rétention étant impossible, il ne restera plus au créancier que l'action pignératitienne contraire.

Il est juste que le créancier se fasse rembourser les dépenses utiles et nécessaires faites pour conserver le gage; mais il serait inique qu'il pût se faire restituer des dépenses purement voluptuaires ou de simple agrément. C'est ce qu'Ulpien nous indique clairement (1), quand il cite l'exemple d'un

(1) Paul, *Sentent.*, L. II.
(1) L. 25, D., *De pign. act.* (13, 7).

créancier qui aurait fait apprendre un métier à
l'esclave engagé; l'a-t-il fait en se conformant à la
volonté du débiteur, il aura, sans aucun doute l'action
contraire; est-ce de son propre chef, il n'aura
cette action qu'autant qu'il lui aurait fait apprendre
un métier utile. Ajoutons que ces dépenses,
même utiles, faites par le créancier, ne devront
jamais être assez grandes pour que le recouvrement
du gage devienne impossible ou même onéreux
au débiteur. Il y aura là des questions
d'opportunité et de bonne foi que le juge appréciera
en toute liberté.

Le créancier recourrait aussi à l'action contraire
si la possession du gage lui avait causé un préjudice
imputable au constituant. Si l'esclave engagé
vole le créancier, nous dit Africain, le débiteur
pourra en faire l'abandon noxal; si cependant,
en le donnant en gage, le débiteur savait pertinemment
que cet esclave était voleur, le créancier,
malgré l'abandon noxal, aurait encore l'action
pignératitienne pour se faire indemniser.

Alors même qu'il serait parfaitement solvable, le
débiteur encourrait non-seulement une poursuite
criminelle comme stellionataire, mais verrait encore
exercer contre lui l'action pignératitienne en
indemnité, s'il avait donné en gage une chose appartenant
à autrui, déjà engagée, ou bien encore
obligée envers l'État; il n'en serait ainsi, toutefois,
qu'autant que le créancier aurait ignoré le vice
dont son gage était affecté. De même, le débiteur

échapperait tout au moins à l'action dérivant du stellionat s'il était de bonne foi et croyait être propriétaire de la sûreté qu'il avait donnée.

Nous avons supposé jusqu'à présent que le débiteur avait acquitté sa dette à l'échéance, et que la restitution du gage avait eu lieu, en ayant égard à certains réglements d'indemnité au profit de l'une ou de l'autre des parties. Mais si, à ce moment, il est impossible au débiteur de payer ou tout au moins d'effectuer un payement complet, le créancier pourra opérer lui-même la vente du gage. Il est certain qu'à l'origine, ce pouvoir d'aliéner devait lui être expressément concédé d'après ce qui résulte de ce passage de Gaius : « Voluntate » debitoris intelligitur pignus alienari, qui olim » pactus est ut liceret creditori pignus vendere si » pecunia non solvatur (1). » Javolenus dit même que le créancier qui vendrait le gage sans y être autorisé, se rendrait coupable de vol (2). Le droit d'aliéner devint ensuite de la nature du *pignus*, mais la vente devait toujours être précédée de trois dénonciations faites successivement au débiteur. Ce *jus distrahendi*, à l'époque de la jurisprudence classique, fut considéré comme de l'essence même du contrat de gage ; la prohibition d'aliéner fut inutile, ou plutôt elle n'eut plus d'autre effet que d'obliger le créancier à faire au débiteur trois dé-

(1) Gaius, *Comment.*, II, § 64.
(2) L. 73, *De furt.*, D., (47, 2).

s. 7.

nonciations préalables à fin de payement, à défaut
desquelles il aurait pu être exposé à l'action de
vol (1). On avait l'habitude de placer un intervalle
d'au moins dix jours entre chaque sommation, de
sorte que la vente ne pouvait se faire qu'un mois,
au plus tôt, à partir de l'échéance de la dette. Le
droit de vendre fut désormais si bien considéré
comme* nécessairement sous-entendu dans toute
constitution de gage, que la clause *ne distraheretur*,
n'eût donc plus d'autre effet que d'entourer la
vente de certaines formalités données comme garantie dernière au débiteur insolvable.

Justinien, dans une Constitution formant la
loi 3, au Code, *De jure domin. impetr.*, introduisit
dans l'exercice du *jus distrahendi* des innovations
gênantes et qui tournèrent, sans aucun doute, au
détriment des débiteurs, en diminuant leur crédit.
Il commence par déclarer que les parties devront
observer toutes les conventions qu'elles auront pu
faire relativement à la vente de la chose engagée et
qui dérogeraient aux dispositions de la loi. A défaut de convention particulière, Justinien décide
que le créancier ne pourra procéder à la vente que
deux ans après une sommation de payer faite au
débiteur ou une condamnation obtenue contre lui.
S'il y avait eu convention *ne distraheretur*, la vente
ne pourra être poursuivie que lorsque deux années
se seront écoulées après trois dénonciations faites

____

(1) L. 4, D., *De pign. act.* (13, 7).

par le créancier au débiteur. Les textes ne nous disent pas si ces deux années devaient commencer à courir depuis la première ou depuis la troisième sommation, mais il est évident que ce devait être à dater de la troisième, car autrement la clause prohibitive de la vente n'eut été d'aucune utilité au débiteur, puisque, en l'absence de toute convention, nous venons de voir que Justinien n'autorisait le créancier à vendre le gage qu'après un délai de deux ans courant à partir d'une sommation qu'il aurait faite.

Si enfin, en constituant le gage, le débiteur avait expressément accordé le droit de vente au créancier, celui-ci pouvait, à défaut de payement à l'échéance, immédiatement et sans aucune dénonciation préalable, procéder à la vente (1).

Aux conditions indiquées, le *jus distrahendi* pourra donc être exercé, non-seulement lorsque le débiteur ne sera pas en mesure d'acquitter sa dette, mais alors même qu'ayant effectué un payement partiel, il aurait presque intégralement désintéressé le créancier. Une offre de payement serait insuffisante pour arrêter le créancier dans l'exercice de son droit, si cette offre n'était pas accompagnée de la consignation de toute la somme due (2). Ajoutons enfin qu'une Constitution des empereurs Sévère et Antonin dispose que la clause

---

(1) Instit., liv. 2, tit. 8, § 1.
(1) Constit., 8, *De distrah. pign.*, et 2, *Debit. vend. pign.*, au Code.

ne distraheretur ne fait pas du gage une *res litigiosa*, question auparavant controversée.

La vente du gage n'était qu'un droit accordé au créancier, ce n'était pas une obligation pour lui. Mais afin qu'il ne laissât pas échapper, volontairement ou non, des occasions favorables, Pomponius nous apprend que le débiteur pouvait toujours vendre quand bon lui semblait, pourvu que le prix fût suffisant pour payer intégralement le créancier.

En vendant le gage, le créancier gère sa propre affaire, mais il apparaît en même temps comme le mandataire du débiteur, par suite de la faculté d'aliéner implicitement contenue dans la constitution de gage. Aussi, comme tout mandataire, doit-il agir en bon père de famille; il répond, en conséquence, de son dol et de sa faute vis-à-vis du débiteur. Il devra donc *bona fide* et *solemniter vendere*; c'est dire qu'il devra faire tout son possible pour trouver des acquéreurs et ne vendre que dans de bonnes conditions; il sera tenu d'entourer la vente de la plus grande publicité, selon l'usage en pareils cas, et devra inviter le débiteur à y assister afin qu'il ne puisse supposer qu'on l'a trompé sur le prix.

Ces conditions avaient-elles été omises par le créancier, la vente n'en était pas moins valable, pourvu que l'acheteur ne fût pas *conscius fraudis*; mais le débiteur, exerçant l'action *pigneratitia* directe, pouvait se faire indemniser; il pouvait même intenter contre son créancier l'action *furti* s'il n'avait pas été averti au moyen de la sommation préalable. Remarquons toutefois que l'inobservation des formalités n'aurait pas suffi a elle seule, pour actionner un créancier de bonne foi et qui aurait vendu le gage à sa juste valeur. La fraude du créancier jointe à la complicité de l'acheteur entraînaient donc la nullité de la vente.

Cette vente au contraire faite par le créancier conformément aux règles prescrites était parfaite et irrévocable, en ce sens qu'elle ne faisait pas seulement naître l'action *empti* au profit de l'acquéreur, mais qu'elle lui conférait de plus le *dominium* de la chose vendue.

Comment se fait il cependant que le créancier qui n'était pas propriétaire du gage, en ait pu transférer la propriété? c'est que lorsque le créancier a fait cette vente, c'est comme si le débiteur, resté propriétaire, l'avait faite lui-même ; le créancier n'agit en réalité que comme le mandataire, le représentant de son débiteur et il doit prendre en main ses intérêts.

L'acheteur deviendra donc propriétaire du gage quand le vendeur lui en aura fait tradition, le consentement seul n"étant pas en droit romain translatif de propriété.

La vente du gage valablement faite pourra quelquefois ne pas être irrévocable. Julien nous dit en effet que quand un créancier, en aliénant le gage, convient avec l'acheteur que le débiteur aurait la faculté de reprendre sa chose, en en remboursant le prix, ce créancier sera tenu, en vertu de cette convention, de céder au débiteur l'action de la vente contre l'acheteur. Le débiteur pourra donc de son chef revendiquer le gage ou agir contre l'acheteur par une action *in factum*.

Si la chose vendue n'appartenait pas au constituant, l'acheteur n'aurait dans ce cas qu'une possession *ad usucapionem*; mais, en cas d'éviction, contre qui recourrait-il? contre le débiteur ou contre le créancier vendeur? ce ne peut être que contre le débiteur puisque c'est, en quelque sorte en son nom, que la vente a été faite, et qu'en la laissant faire, il laissait supposer qu'il était bien réellement propriétaire (1). Nous donnerons donc à l'acheteur évincé, contre ce débiteur, une action *empti* utile, jusqu'à concurrence du profit que ce débiteur a retiré de la vente et qui sera le prix d'achat. Il pourra encore se faire céder l'action en indemnité *pigneratitia contraria* appartenant au créancier pour avoir recu en gage une *res aliena*.

Le créancier vendeur pourrait être tenu lui-même de la garantie envers l'acheteur évincé si, au lieu d'agir comme créancier gagiste, il s'était fait passer, aux yeux de l'acheteur, pour un vendeur ordinaire. Il serait également tenu de garantir l'éviction si, sachant que la chose engagée n'appartenait pas au débiteur, il avait omis d'en avertir l'acquéreur; il il serait alors responsable de son dol. Enfin, comme le dit Ulpien, le créancier, conformément à l'usage,

____

(1) L. 1, C., *Cred. evict., non debere* (8, 10).

pourrait avoir promis à l'acheteur la *cautio duplæ* en cas d'éviction, et se trouver personnellement tenu de la restitution du double du prix d'achat. Ce créancier aurait-il alors recours contre le débiteur par l'action pigneratitienne? oui, s'il ne s'est soumis à cette *cautio duplæ* que pour rendre la vente plus avantageuse, car, par là aussi, il a fait l'affaire du débiteur; non, si l'engagement qu'il a pris n'a été d'aucune utilité pour la vente.

Le créancier ne pourrait, sans le consentement du débiteur, se rendre adjudicataire du gage, ni par lui-même, ni par personne interposée « si per » suppositam personam creditor pignus suum, » invito debitore, comparaverit, emptio non vide- » tur (1). » Mais aurait-il pu stipuler, lors de la constitution de gage, qu'à défaut de payement à l'échéance, il en deviendrait propriétaire? Cette convention, permise à l'époque classique, et nommée *pactum commissorium*, fut sévèrement et, à juste raison, interdite par une Constitution de Constantin (2); elle avait donné lieu à tant d'abus, et partant à tant de plaintes, que nous voyons Constantin désirer que le souvenir même de ce pacte soit à jamais effacé « placet memoriam abo- leri. » Il ne servait, en effet, qu'à déguiser une usure énorme, et d'autant plus dangereuse que le débiteur, au moment d'emprunter, y attachait

(1) Paul, *Sentences*, L. 2, t. 13, § 4.
(2) L. 3, C., *De pact. pign., et de lege commiss., in pign. rescind.* (8,35).

mois d'importance, persuadé, comme le sont en
général les débiteurs, qu'il serait en état d'acquitter sa dette en temps utile. Mais, comme le législateur, tout en cherchant à prévenir la fraude, doit
se garder d'entourer les conventions des parties
d'inutiles entraves, la vente du gage, consentie au
moment de l'échéance, par le débiteur au créancier,
et pour un prix librement débattu à cette époque,
était parfaitement valable. Il ne semble pas non
plus qu'il fût permis de convenir que le gage appar-
tiendrait au créancier non payé à l'échéance,
d'après une estimation préalablement faite par
experts (1).

Qu'arrivait-il lorsque le débiteur ne pouvant
s'entendre avec le créancier, le gage restait invendu,
faute d'acheteurs? Pour ne pas perdre la garantie
qu'il s'était fait donner, le créancier avait le droit,
après une mise en vente publique, *proscriptio publica*, et lorsqu'une année s'était écoulée, pendant
laquelle le débiteur pouvait encore s'acquitter, de
se faire adjuger le gage, à défaut d'acheteurs (2).
Au lieu de cette *proscriptio publica*, Justinien exi-
gea qu'une nouvelle sommation de payer fût faite
au débiteur. En cas d'absence de ce dernier, le
créancier s'adressait au magistrat qui fixait lui-
même un délai pour donner au débiteur le temps
de reparaître. Ce délai écoulé sans nouvelles du

(1) L. 16, § 9, D., *De pign.* (20, 1).
(1) L. 3, pr., C., *De jure domin. impetr.* (8, 34).

débiteur, le créancier adressant une supplique au prince dans laquelle *dominium pignoris impetrabat*, obtenait effectivement ce *dominium*.

Cette attribution de propriété n'empêchait pas le débiteur d'avoir encore deux ans pour reprendre son gage, à condition de payer et d'indemniser son créancier pour la privation qu'il lui faisait éprouver. Passé ce délai, l'acquisition était définitive; le gage était alors estimé judiciairement, et si le montant de cette estimation était supérieur à la créance, il y avait lieu à un règlement de compte entre le créancier et le débiteur; était-il inférieur, le créancier conservait pour le surplus une créance chirographaire. A peine est-il besoin de dire que lorsque le créancier procédait à la vente de son gage, il primait, sur le produit de cette vente, tous autres créanciers du débiteur, à moins toutefois, comme le dit Marcien, que la chose ne fût déjà hypothéquée (1); le créancier hypothécaire lui était alors préféré.

Outre le droit de vente, le créancier gagiste avait encore un droit de rétention d'un caractère spécial, organisé par une Constitution de l'empereur Gordien, et qu'il importe d'autant plus de signaler qu'il a fourni aux rédacteurs du Code civil, l'objet d'une disposition importante. On suppose que le possesseur du gage est créancier à un double titre du même débiteur, qu'il est à la fois créancier

______

(1) L. 12, pr., *Qui potiores in pign.* (20, 4).

gagiste et chirographaire; la Constitution décide alors qu'après avoir été désintéressé comme gagiste, le créancier pourra retenir le gage pour la sûreté de ses autres créances simplement chirographaires. Remarquons que ce n'est qu'un *jus retentionis* qui lui est alors accordé, et non plus un droit de vente, et qu'il n'y a pas ici à distinguer, comme le fera le droit français, selon que la dette chirographaire est ou non postérieure à la mise en gage. Observons enfin que ce *jus retentionis*, tel qu'il a été établi par la Constitution de Gordien, ne pouvait être invoqué par le créancier que contre le débiteur et ses héritiers, mais non contre les tiers ou un créancier postérieur. Il pouvait être exercé pour une créance quelconque, pourvu qu'elle fût échue, actuellement due, au moyen d'une exception de dol opposée par le créancier. Cette innovation législative avait, en effet, été inspirée par un sentiment d'équité; le débiteur, en demandant la restitution de son gage, demande en quelque sorte à être payé par son créancier; or, il y a certainement un dol de la part de celui qui demande à être payé, tout en refusant lui-même d'acquitter sa propre dette. Il est vrai qu'un texte d'Ulpien dispose que le gage devra être restitué aussitôt après le payement de la somme en vue de laquelle il avait été constitué. Pour concilier ces deux dispositions opposées, Cujas a pensé que les parties pouvaient expressément convenir qu'elles contreviendraient au rescrit de Gordien, et que c'est précisément l'hypothèse que prévoyait Ulpien. Mais une loi, à laquelle on pourrait si facilement se soustraire, n'aurait guère sa raison d'être; nous croyons plutôt que le rescrit de Gordien a consacré une innovation juridique, innovation qui n'était pas encore introduite à l'époque où Ulpien écrivait son texte.

CHAPITRE III.

DE L'EXTINCTION DU DROIT DE GAGE.

Les causes d'extinction du droit de gage nous apparaissent comme se produisant, les unes par elles-mêmes et indépendamment de la créance garantie par ce gage, les autres au contraire comme dérivant de l'extinction de la créance.

Tout d'abord, le droit de gage prendra fin en même temps que la créance, à la suite du payement intégral reçu par le créancier ou d'une autre satisfaction qu'il aurait acceptée : « *item liberatur pignus*, dit Ulpien, *sive solutum est debitum, sive eo nomine satisfactum est.* » Ajoutons toutefois, ainsi qu'il ressort du fragement d'Ulpien que nous venons de citer, que les jurisconsultes romains distinguaient d'une façon très précise la *solutio* de la *satisfactio* ; le premier mode d'extinction de la dette pouvant en effet s'opérer même contre la volonté du créancier, le second ne pouvant avoir lieu que de son consentement.

Le jurisconsulte Paul nous dit que la dette devrait encore être considérée comme éteinte, ainsi que le *jus pignoris* qui en dépend, lorsqu'il n'a tenu qu'au créancier de recevoir son payement et qu'il ne peut s'en prendre qu'à lui même de ne pas l'avoir reçu.

Au payement, cause d'extinction de la créance et du gage, nous assimilerons la remise de sa dette qui aurait été faite au débiteur, la compensation, l'expensilation et la novation. Dans la novation conventionnelle, le créancier renonce en effet à son ancienne créance et à ses accessoires pour en recevoir une nouvelle ; il se passe quelque chose d'à peu près analogue à une *datio in solutum* ; aussi, à moins de réserve expresse, les sûretés qui garantissaient cette ancienne créance disparaissent avec elle.

Il ne faudrait pas croire par ce qui précède que le *jus pignoris* s'évanouit chaque fois que la créance vient à s'éteindre. Ainsi, à propos de la novation, il aut distinguer avec soin la novation conventionnelle ou volontaire dont nous venons de parler, de la double novation s'opérant forcément, *invito creditore*, par la *litis contestatio* d'abord, quand la créance est *deducta in judicium*, puis par la condamnation prononcée par le juge. Dans ces deux cas la créance est bien éteinte aux termes rigoureux de la loi, mais elle renait, au moment même de son extinction, sous une forme nouvelle. Aussi eut-il été bien rigoureux de priver cette nouvelle obligation de la sûreté qui garantissait l'ancienne, d'autant plus que la condamnation que le débiteur a laissé prononcer contre lui, prouve précisément combien était nécessaire la précaution prise par le créancier en exigeant un gage. La novation judiciaire laisse donc complétement intacts les droits de gage ou d'hypothèque.

Il y avait encore d'autres cas dans lesquels le droit de gage continuait de survivre au profit du créancier, malgré l'extinction de la créance garantie. Julien, dans la loi 14 *ad Senatusconsultum Velleianum*, nous en fournit un exemple remarquable. Il suppose qu'un créancier a libéré son débiteur qui a fait engager une femme à sa place. Cet engagement étant nul aux termes du sénatusconsulte *Velléien*, le créancier perdait son droit de créance tant qu'il ne s'était pas fait remettre dans son ancienne position par le magistrat, « *cum mulieris persona subtrahatur creditori propter Senatusconsultum, integra causa pristina restituenda est.* » Mais le jurisconsulte romain ajoute qu'il n'était pas nécessaire que le créancier se fît restituer pour recouvrer son droit de gage ; ce droit était en effet resté intact, les conditions exigées pour son extinction, c'est-à-dire la *solutio* ou la *satisfactio* du créancier n'ayant pas eu lieu.

Le *jus pignoris* continuait à être valable ch

fois que le lieu civil, en disparaissant, faisait place à une obligation naturelle « *ex quibus casibus naturalis obligatio consistit, pignus perseverare consistit*, dit Ulpien (1) ». Nous voyons en effet que celui qui encourait la *minima capitis deminutio*, et qui de civilement obligé, ne l'était plus que *naturaliter*, ne pouvait se dégager du contrat pignoratif qu'il avait librement consenti.

La sentence, décidant à tort que le demandeur n'était pas créancier, laissait-elle subsister une obligation naturelle, et par conséquent, le gage ou l'hypothèque servant de garantie à l'ancienne créance? Contrairement à la règle d'après laquelle le droit de gage ne s'éteint qu'autant que le créancier a été désintéressé, il faut décider ici que le principe « res judicata pro veritate habetur, » inspiré par des considérations de premier ordre, ne laisse subsister ni gage, ni *naturale debitum*. C'est ce qui ressort des termes très-précis d'un texte de Tryphoninus assimilant la chose jugée au serment « quamvis per injuriam absolutus sit debitor, tamen pignus liberatur, » de même « si deferente creditore, juravit debitor se dare non oportere, pignus liberatur, quia perinde habetur atque si judicio absolutus esset. » Cette assimilation du serment à la chose jugée est très-exacte; dans l'un et l'autre cas, il y a en effet une sorte de transaction intervenue entre les parties, transaction par

---

(1) L. 14, § 1, D., *De pign.* (20, 1).

laquelle elles conviennent de mettre fin à leur dif-
férend en s'en rapportant soit au serment, soit à ce
qui sera jugé. Vouloir admettre, en pareil cas, la
persistance d'une obligation naturelle et des sûretés consenties, serait vouloir renouveler à courte
échéance, le procès que l'on a entendu terminer.

Il est vrai qu'un texte de Julien, d'après lequel
le débiteur injustement absous *natura tamen debitor permanet* (1), paraît devoir complétement ren-
verser ce que nous venons de dire. Mais il n'y a là
qu'une contradiction apparente; le texte de Julien
ne se réfère en effet qu'au cas où la déchéance
encourue par le créancier proviendrait de *plus peti-
tio* ou d'un autre vice de procédure mais non à celui
où le juge aurait déclaré que la somme n'était
pas due.

L'extinction de la créance par confusion, c'est-à-
dire par la réunion sur la même tête des deux qua-
lités de débiteur et de créancier, entraînait aussi
l'extinction du gage et de l'hypothèque. Toutefois,
cette règle n'était pas absolue; son application, en
maintes circonstances, aurait pu être inique. Le
créancier gagiste pouvait n'être en effet qu'héritier
fiduciaire du débiteur, c'est-à-dire simplement
chargé de transmettre la succession à une personne
déterminée (2); l'adition d'hérédité qu'il faisait
alors, *coactus jussu prætoris*, avait bien pour effet

---

(1) L. 60, pr., D., *De condict. indebit* (12, 6).
(2) L. 59, pr., D., *ad senatusconsultum Trebell.* (36, 1)

de faire disparaître l'action civile résultant de sa créance, mais Paul nous dit qu'il subsistait une obligation naturelle que l'exercice du droit de gage rendait parfaitement efficace, *remanet autem propter pignus naturalis obligatio.*

Nous voyons, par ce qui précède, que si l'extinction de la créance amène celle du gage ou de l'hypothèque dans la plupart des cas, cette règle n'est pas sans présenter de nombreuses et importantes exceptions.

Le caractère essentiellement accessoire du *jus pignoris* n'est pas la seule cause d'extinction de ce droit; dans certains cas il s'éteindra de lui-même sans que la créance, dont il est la garantie, soit en aucune façon atteinte. C'est ce qui arrive lorsque l'objet qui forme le gage vient à être complétement détruit, ou vient à subir des transformations telles qu'il change même de nom; ainsi, d'après l'exemple cité par Cassius (1), le droit de gage ne s'étendrait pas sur le navire construit avec le bois de la forêt engagée. Mais une simple transformation serait insuffisante pour faire évanouir le droit de gage; Marcien nous dit, en effet, que si l'on vient à bâtir ou à planter sur le terrain donné en gage *æque hypothecaria actio competit.*

Que faut-il décider si la maison donnée en nantissement, après avoir été détruite dans un incendie, est ensuite relevée? Nous savons qu'en pareil cas la

____

(1) L. 18, § 8, D., *De pign. act.* (13, 7).

servitude personnelle de l'usufruit n'existant que *salva rerum substantia*, ne renaissait pas. En matière de sûretés réelles, au contraire, Paul décide que la maison nouvellement reconstruite devait suivre la condition du sol dont elle était l'accessoire, et qu'elle serait, comme l'ancienne, soumise au droit de gage. Remarquons de plus, que le droit d'usufruit ne porte pas, comme le gage, à la fois sur le sol et la maison, mais seulement sur la maison.

Le *jus pignoris* s'éteindra encore par voie principale par la résoluiton du droit de propriété de constituant, mais il n'en sera ainsi qu'autant que cette résolution proviendrait *ex causa primæva et antiqua*, c'est-à-dire d'une cause nécessaire et qui existait avant la constitution du gage. Ce n'était qu'un droit temporaire, qu'un usufruit, par exemple, que le débiteur avait engagé; le droit du créancier s'éteindra nécessairement en même temps que le sien.

Le gage ne disparaîtrait pas au contraire si l'extinction du droit du constituant provenait *ex causa nova*, d'un fait nouveau et qui dépendit du caprice de ce constituant. Le débiteur s'était, par exemple, rendu acquéreur pur et simple de l'objet engagé, mais à la vente était jointe la clause appelée *in diem addictio*, permettant de résoudre cette vente si *intra certum diem emptori displicuerit*. Il faut décider, en pareil cas, que le droit de gage continuera de subsister comme par le passé, car il n'est pas admissible qu'un débiteur puisse éteindre à son gré le droit qu'il a créé.

Le terme et la condition résolutoire produisent, comme on le sait, des effets différents sur les droits qu'ils affectent; le créancier gagiste qui aliénerait le gage sur lequel le constituant n'avait qu'une propriété à terme, ferait un acte valable et dont les effets seraient définitifs, tout au moins jusqu'à l'arrivée du terme; s'il aliène, au contraire, un *pignus* affecté d'une condition résolutoire, à l'arrivée de cette condition, l'aliénation sera rétroactivement résolue.

Le gage s'éteint encore par la confusion de la qualité de créancier gagiste avec celle de propriétaire de la chose engagée. Cette règle est d'ailleurs sujette à exception pour le cas où elle entraînerait des conséquences iniques (1); celui qui, par exemple, oubliant qu'il est créancier gagiste, achèterait le *pignus* qui lui aurait été donné, et qui, dans cette ignorance, succomberait contre un créancier dont l'hypothèque serait postérieure à la constitution de gage, pourra, en découvrant son erreur, et malgré la confusion opérée, faire valoir son droit de gage à l'encontre du créancier hypothécaire.

Le droit de gage s'évanouirait encore par la renonciation qu'en ferait le créancier. *Solvitur hypotheca*, dit Marcien, *et si ab ea discedatur, aut pacis-*

---

catur creditor ne pecuniam petat. La convention pourra donc détruire ce qu'elle avait créé, pourvu cependant qu'elle soit faite par une personne capable d'aliéner, Pour faire valablement cette renonciation, le pupille devra donc de même que pour aliéner, obtenir l'*auctoritas tutoris.* Cette renonciation pouvait encore être tacite et résulter de certaines présomptions plus ou moins fortes que le juge avait à apprécier. On admettait généralement qu'en acceptant un fidéjusseur, le créancier était censé renoncer à la sûreté réelle résultant du gage. Il en était de même quand le créancier autorisait le débiteur à vendre, à donner ou à échanger l'objet engagé, à moins, bien entendu, qu'il n'eût réservé ses droits.

La présomption de renonciation ne pouvait donc s'induire que de la permission expresse de vendre le gage donné par le créancier au débiteur. Enfin cette présomption pouvait encore résulter de la faculté donnée au constituant d'engager sa chose au profit d'un autre créancier.

Le *jus pignoris* était aussi susceptible de s'éteindre par prescription. On sait que dans l'ancienne législation, l'usucapion, permettant au possesseur de la chose d'autrui d'en devenir propriétaire, s'accomplissait *salvo jure servitutis vel hypothecæ*; le possesseur n'acquérait qu'une propriété grevée des charges réelles antérieures à cette possession : *pignoris etenim causam nec usucapione perimi placuit*, nous dit Papinien. Il ne pouvait guère en être autrement, car le laps de temps exigé pour l'usucapion était tellement bref, qu'il eût été trop facile au débiteur d'aliéner, par ce moyen indirect et détourné, le gage de son créancier, et d'anéantir la garantie qu'il lui avait donnée.

En faut-il conclure que l'acquéreur d'une chose engagée ou hypothéquée ne pouvait jamais prescrire la libération des droits réels frappant l'objet acquis? Ulpien nous montre que non quand il dit que le gage est libéré, non seulement s'il y a eu payement ou satisfaction, mais encore si l'obligation dont dépend le gage a pris fin de quelque autre manière. Les Romains ne tardèrent pas en effet à mettre l'acquéreur de bonne foi et qui possédait en vertu d'un juste titre, à l'abri des recherches d'un créancier gagiste ou hypothécaire, quand cet acquéreur avait possédé pendant dix ou vingt ans; ce fut la *longi temporis præscriptio*. Du temps de Justinien, la prescription acquisitive de la propriété des immeubles devint la même que cette *longi temporis possessio* d'où résultait l'extinction des droits réels; deux prescriptions, exigeant les mêmes conditions d'existence et de durée, mais tendant à des buts différents, pouvaient donc être exercées sur le même immeuble. Aussi était-il nécessaire de les distinguer avec soin, puisque l'une pouvait rencontrer des obstacles qui n'auraient pas arrêté l'autre.

Enfin, pour le cas où cette *longi tempori præscriptio*, excluant la prétention du propriétaire comme celle du créancier gagiste, n'aurait pu être invoquée parceque le tiers n'était qu'un possesseur de mauvaise foi, une Constitution de Théodose le Jeune (1), introduisit en faveur d'un possesseur quelconque une *præscriptio* dite *longissimi temporis*, laquelle, s'accomplissant par trente années, pouvait être opposée tant à l'action en revendication du propriétaire qu'à l'action du créancier gagiste. Cependant, l'action dérivant du contrat de gage pouvait être exercée à nouveau, si la chose engagée venait à passer entre les mains d'un tiers qui n'aurait pu invoquer la prescription trentenaire.

Le droit d'invoquer la libération du gage par prescription n'était accordé jusqu'alors qu'au tiers possesseur. Ce fut une Constitution de Justin (2) qui permit au débiteur ou à ses héritiers, détenteurs de l'objet engagé, d'invoquer l'extinction du *jus pignoris* par une prescription de quarante ans. Le droit dérivant du gage pouvait donc se prescrire par quarante ans, alors que la créance garantie s'éteignait par la prescription ordinaire de dix ans! Ce résultat étrange était sans doute la conséquence de l'influence persistante du droit prétorien qui ne concevait la disparition du gage ou de l'hypotèque qu'autant que le créancier était payé ou avait reçu satisfaction d'une autre manière.

---

(1) L. 3, C., *De præscript.*, **XXX** *vel* **XL.** *ann.* (7, 30).
(2) L. 7, C., *De præscript. trigint., vel quadr. ann.* (7, 39).

DROIT CIVIL

CONSIDÉRATIONS PRÉLIMINAIRES

Les Romains, en s'emparant de la Gaule, trouvèrent un peuple doué d'une civilisation sinon avancée, du moins bien supérieure à celle des peuples voisins, connus alors sous le nom de barbares. Aussi, les Gaulois s'assimilèrent-ils très-facilement les lois et la civilisation romaines; le droit romain devint pour eux d'un usage général; les sûretés réelles, telles qu'elles étaient pratiquées à Rome, le furent donc aussi dans les Gaules. Le changement de domination fut, au moins dans le principe, sans influence sur le droit privé des Gallo-Romains, les barbares ne daignant pas faire participer le vaincu aux bénéfices de leur législation. Le droit, ou plutôt des coutumes romaines, survécurent donc à l'écroulement du vaste empire.

Quant aux peuples du Nord, les nouveaux conquérants de la Gaule, nous voyons dans le chaditre 9 du Code des Bourguignons, et dans le chapitre 2, titre 21, de celui des Lombards, que l'usage des contrats de nantissement ne leur était pas inconnu. Mais, comme la théorie abstraite et juridique de l'hypothèque ne pouvait être que difficilement admise par des populations encore barbares, et que, d'autre part, la terre, comme dans toutes les sociétés primitives, n'avait pour eux qu'une valeur très-secondaire, nous voyons que le gage mobilier, c'est-à-dire celui dans lequel le créancier a la détention matérielle de l'objet formant sa sûreté, était le seul qu'ils missent en pratique.

Au moyen-âge, l'impuissance des pouvoirs sociaux à garantir aux parties l'exécution de leurs contrats, devait encore faire donner la préférence, aux sûretés réelles accompagnées de tradition. C'est sur gage mobilier que prêtaient les Juifs, grands capitalistes de l'époque, et qui, sans cesse menacés d'expulsion, n'auraient trouvé dans le nantissement immobilier qu'une garantie dérisoire. Les sûretés réelles immobilières furent cependant pratiquées sur une vaste échelle à l'époque des croisades; pour aller guerroyer au loin il fallait de l'argent, et les pieux chevaliers, comme nous l'apprend le sire de Joinville, n'hésitaient pas à engager leurs vastes possessions aux villes, aux couvents, au roi lui-même, pour s'en procurer. Beaucoup partirent, espérant conquérir un royaume en Terre-Sainte, qui ne purent, à leur retour, rembourser ce qu'ils

avaient emprunté; les villes devenues riches en
profitèrent pour acheter des chartes d'affranchisse-
ment, et la royauté, augmentant ses domaines aux
dépens des seigneurs, put enfin sortir de l'état
d'abaissement dans lequel la maintenait une féoda-
lité trop puissante.

Le droit coutumier, conformément au droit cano-
nique qui prohibait sévèrement le prêt à intérêt,
n'admettait pas que les fruits de la chose engagée,
pussent tenir lieu d'intérêts de la somme prêtée,
mais ils devaient toujours être imputés sur
le capital. L'antichrèse, telle que nous l'enten-
dons aujourd'hui, et que l'on nommait *mort-gage*,
était donc sévèrement proscrite (1).

Le nantissement mobilier ou immobilier, mais
dont les fruits venaient en déduction du capital de
la dette, et que pour cette raison on appelait *vif-
gage*, était seul permis.

Cette prohibition de l'antichrèse par le droit ca-
nonique n'était cependant pas strictement observée; les communautés religieuses elles-mêmes ne
se faisaient pas faute de percevoir par ce moyen des
revenus illicites, car, en 1420, le pape Martin V dut
renouveler une défense qu'on cherchait trop à
éluder.

Tel qu'il était alors pratiqué, c'est-à-dire aban-
donné à la libre volonté des parties contractantes,

(1) Cujas, sur les *Décrétales*, t. 20; Dumoulin, *De usuris*, quæst. 85.

pourvu qu'il n'offrit pas l'apparence d'un pacte d'intérêts déguisé, le contrat de gage devait offrir à la fraude de bien grandes facilités. Rien de plus aisé pour l'homme insolvable que d'enlever, par de fausses constitutions de gage, tout ou partie de son patrimoine à ses créanciers. Il était donc nécessaire de chercher à prévenir des fraudes trop faciles; c'est ce que l'art. 148 de l'ordonnance de 1649, tentative prématurée d'unification des lois, essaya de faire, en exigeant que toute constitution de gage fût doré navant constatée par écrit : « Toutes personnes qui » prendront gages pour deniers prêtés ou dus sans » bailler reconnaissance par écrit desdits gages, » restitueront les gages et perdront la dette. » Mais cette ordonnance, n'ayant pas été enregistrée par les parlements, ne fut jamais observée, au moins quant à la majeure partie de ses dispositions; de plus, pour éviter un mal on tombait dans un autre, puisqu'une simple omission de formes entraînait non-seulement pour le créancier la perte du droit de gage, ce qui se serait compris, mais, en outre, la perte de son droit de créance lui-même, ce qui était inique.

Cependant, le développement du commerce, l'importance que la richesse mobilière commençait bien faiblement à prendre, rendait de plus en plus nécessaire une sage et équitable réglementation du droit de gage.

C'est ce que firent les rédacteurs de la grande Ordonnance sur le commerce, rendue en 1673, dans les art. 8 et 9 du titre VI, ainsi conçus :

Art. 9. « Aucun prêt ne sera fait sous gages, qu'il n'y en ait un acte par-devant notaire, dont sera retenu minute, et qui contiendra la somme prêtée et les gages qui auront été délivrés, à peine de restitution des gages, à laquelle le prêteur sera contraint par corps, sans qu'il puisse prétendre de privilége sur les gages, sauf à exercer ses autres actions.

Art. 9. « Les gages qui ne pourront être exprimés dans l'obligation, seront énoncés dans une facture ou inventaire, dont sera fait mention dans l'obligation; et la facture ou inventaire contiendra la quantité, qualité, poids et mesure des marchandises, ou autres effets donnés en gage, sous les peines portées par l'article précédent. »

Ainsi donc, à défaut d'acte notarié, dont on retenait minute, et contenant le montant de la somme prêtée et la description du gage délivré, le prêteur pouvait être contraint par corps à la restitution du gage sans pouvoir prétendre à aucun privilége. L'inobservation des formalités entraînait donc simplement pour le créancier l'extinction de son *jus pignoris*, et, contrairement à l'excessive sévérité de l'ordonnance de 1649, l'art. 8 de la nouvelle avait bien soin d'ajouter que le prêteur déchu de son privilége pouvait toujours exercer ses autres actions.

Comme le fait observer Jousse, commentateur de l'ordonnance, ces deux articles avaient été principalement édictés, d'abord contre les usuriers, puis pour prévenir les fraudes et recels pouvant arriver fréquemment de la part des marchands et négociants qui exigent des gages de leurs débiteurs lorsque ceux-ci viennent à tomber en faillite ; enfin pour que les débiteurs qui se trouvent en faillite ne puissent avantager quelques-uns de leurs créanciers au préjudice des autres (1).

Les nouvelles dispositions ne tendaient donc qu'à déjouer les collusions frauduleuses, à mettre un frein à la cupidité des usuriers. En pratique, on ne les observait pas dans toute leur rigueur, on tenait compte des circonstances dans lesquelles le contrat de gage était intervenu, et en matière de commerce surtout, on avait égard à la bonne foi du créancier. C'est ce que Jousse nous indique très-clairement quand il dit que la défense portée dans cet art. 8 n'atteignait pas ceux qui prêtaient de bonne foi.

Les dispositions de l'ordonnance de 1673 relatives au gage, ainsi entendues et appliquées, devinrent le droit commun de notre ancienne jurisprudence ; sages et prévoyantes, on peut dire que, sauf cependant dans les matières de commerce, le but que s'était proposé le législateur était atteint. Il n'est donc pas étonnant que les rédacteurs du Code civil, dans le titre XVII relatif au *Nantissement*, n'aient pas cru devoir innover ; ils ont en effet simplement

<hr>

1 Jousse, art. 8 et 9 de l'Ordonnance.

consacré le système de législation préexistant. Les
formalités de l'art. 8 de l'ordonnance précitée sont
reproduites par l'art. 2074, et le privilége que l'article 2073 confère au créancier gagiste lui appartenait déjà d'après l'art. 181 de la *Coutume de Paris :*
« et n'a lieu la contribution quand le créancier se
» trouve saisi du meuble qui lui a été baillé en gage, »
et d'après l'art. 68 de la *Coutume du Bourbonnais.*

Décrétée le 25 ventôse an XII (16 mars 1804),
après l'*Exposé des motifs* que le conseiller d'État
Berlier présenta au Corps législatif, et le discours
du tribun Gary, la loi sur le nantissement fut pro-
mulguée le 5 germinal suivant (26 mars 1804). Comprenant les modifications que les exigences de la
pratique commerciale devaient faire subir au contrat de gage, les rédacteurs, par l'organe de M. Berlier, s'étaient réservés d'y pourvoir ultérieurement.
« Pour dégager cette discussion de tout ce qui lui
est étranger, est-il dit dans l'*Exposé des motifs*, il
convient de remarquer que les matières de commerce en sont exceptées, et il n'est pas moins utile
de remarquer que les maisons de prêt sur gage,
sont par un article exprès, mises hors des dispositions du projet de loi qui vous est actuellement
soumis. »

Malheureusement, il ne fut pas donné suite aux
projets que ces réserves annonçaient si positive-
ment ; ce ne fut qu'en 1863, qu'une loi désirée depuis bien longtemps vint enfin apporter une légitime satisfaction aux réclamations suscitées par les

nécessités commerciales. Nous aurons à étudier plus loin les importantes innovations de cette loi du 23 mai 1863, et nous verrons comment, jusqu'à cette époque, on sut, au moyen d'une extension plus ou moins forcée des art. 93 et 95 du Code de commerce, relatifs au privilége du commissionnaire, faire fléchir, dans l'intérêt du commerce, les rigoureuses dispositions du Code civil en matière de nantissement.

« Le nantissement, dit l'art. 2071, est un contrat par lequel un débiteur remet une chose à son créancier pour sûreté de la dette ».

La définition claire et précise que les rédacteurs du Code civil ont donnée du nantissement, nous indique immédiatement et la nature de ce contrat et le but qu'il se propose. C'est un contrat *accessoire*, de même que le cautionnement ou l'hypothèque, puisqu'il intervient pour procurer la sûreté d'une dette; c'est un contrat *réel* puisqu'il est nécessaire que le débiteur se désiste et fasse tradition à son créancier de l'objet qu'il entend lui donner en nantissement.

De même qu'en droit romain, la remise effective est donc une condition indispensable et essentielle, non pas à la perfection, mais à l'existence même du contrat de nantissement. Est-ce à dire que la convention, que la promesse seule de livrer un gage faite par un débiteur à son créancier serait destituée de tout effet? assurément non; nous serions alors en présence d'une obligation de faire, laquelle, en cas d'inexécution, et conformément au principe établi dans les articles 1146 et suivants du Code civil, se traduirait en dommages intérêts. Le juge, en pareil cas, pourrait prononcer la résolution du contrat et condamner le débiteur à des dommages-intérêts, ou bien encore ordonner la remise pure et simple du gage entre les mains du créancier. Mais aussi longtemps que cette remise n'aura pas été faite, le créancier ne pourrait se prévaloir d'aucune des prérogatives qui sont attachées au droit de gage. Les meubles, en droit français, ne peuvent être soumis au droit de suite, et quant au droit de préférence dont ils pourraient se trouver frappés, il n'existe qu'aussi longtemps qu'ils se trouvent entre les mains de l'ayant-droit.

Les meubles ne sont donc pas susceptibles d'hypothèque, comme ils l'étaient en droit romain; le droit de suite appliqué à des biens si sujets à changer de mains eut été une entrave pour le commerce, une atteinte permanente au crédit public; aussi est-il impossible, dans notre droit, de combiner et d'adapter l'une à l'autre la double garantie résultant du nantissement mobilier et de l'hypothèque. Faut-il dire que les biens mobiliers seuls peuvent être donnés en nantissement? non, l'art. 2072 nous apprend, qu'en dehors de l'hypothèque, les immeubles peuvent aussi former l'objet d'une sûreté réelle, nommée antichrèse, mais que la dénomination de gage s'applique uniquement au nantissement mobilier. L'antichrèse, comme le gage, suppose nécessairement que le créancier antichrèsiste est nanti de l'immeuble qui forme sa sûreté ; mais au lieu de conférer au créancier des prérogatives aussi étendues que celles attachées au droit de gage, l'antichrèse ne l'autorise qu'à retenir en sa possession l'immeuble dont il est nanti, et à en percevoir les fruits en les imputant en déduction des intérêts de sa créance, et à défaut d'intérêts en déduction du capital lui-même.

Le nantissement immobilier, tel qu'il a été organisé par le Code civil, ne présente donc qu'une utilité et un intérêt bien restreints; il est peu usité dans la pratique, ou du moins il ne s'y rencontre guère que comme un accessoire, un complément de l'hypothèque. Aussi, notre étude portera-t-elle spécialement sur le nantissement mobilier; les conséquences du contrat de gage peuvent être en effet aussi graves pour le débiteur que le sont celles de l'hypothèque elle-même; en second lieu, le grand accroissement des fortunes mobilières et le développement du commerce, ont fait de ce contrat un moyen de crédit d'une application de plus en plus fréquente.

SECTION I

DU GAGE

Le mot gage, en droit français, est susceptible de recevoir des significations diverses et qu'il importe tout d'abord de préciser. C'est ainsi qu'entendu dans son sens le plus large, il signifie cette garantie générale qui existe de plein droit, en faveur de tout créancier contre tout débiteur, et dont il est question dans l'art. 2093 : « *les biens du débiteur sont le gage commun de ses créanciers* ». A un point de vue moins général, il désigne spécialement le nantissement mobilier dont parle l'art. 2072, et dans ce second cas il peut encore être entendu sous des acceptions différentes, soit qu'il serve à indiquer le contrat par lequel un débiteur remet une chose à son créancier pour sûreté de sa créance, ou bien le droit lui-même qui résulte pour ce créancier du contrat intervenu et de la tradition qui l'a suivi, soit enfin qu'il désigne l'objet mobilier qui lui a été remis.

Le gage, considéré comme synonyme de nantissement mobilier, le seul dont nous ayons à nous occuper ici, est donc, comme nous l'avons dit précédemment, un contrat accessoire puisqu'il présuppose nécessairement une obligation dont il assure l'exécution. Son existence, sa valididité, sont par conséquent subordonnées à celles de cette obligation, et il sera soumis, comme elle, à toutes les modalités qui l'affectent. L'obligation annulable entraînera l'annulabilité du gage, alors même qu'il aurait été constitué par un autre que le débiteur; néanmoins, si ce tiers en consentant cette sûreté, n'avait fait aucune réserve à propos du vice dont la créance était entachée, il y aurait lieu d'examiner si cette garantie pure et simple d'une créance conditionnelle n'a pas été faite *animo donandi*, ne serait pas une donation déguisée. Par analogie avec le cautionnement, le gage qui n'est pour ainsi dire qu'un cautionnement d'une espèce particulière, peut donc être appelé à garantir des obligations annulables, et même une obligation naturelle, une dette, par exemple, éteinte par prescription.

Le contrat de gage est réel; la remise effective de l'objet engagé entre les mains du créancier est indispensable à sa formation, ainsi que nous le verrons en étudiant les modes de constitution de ce contrat.

Ajoutons enfin qu'il appartient à la classe des contrats synallagmatiques imparfaits; car, si au moment même de sa formation, nous apercevons à la charge du créancier l'obligation de restituer le gage une fois la dette payée, nous ne voyons pas que le débiteur encoure, à ce moment, d'obligation corrélative; ce n'est que dans la suite, et d'une façon purement éventuelle, que le propriétaire du gage pourra être obligé de renbourser au créancier les frais que celui-ci aura pu faire pour conserver le gage. Aussi, comme l'a si bien fait observer M. Duranton, la nécessité des doubles exigée par l'art. 1325 n'est-elle pas imposée en matière de gage ; toutefois la prudence la plus élémentaire commande au débiteur de conserver un double de l'acte constitutif de gage qui est remis au créancier.

SECTION II

MATIÈRE DU GAGE

De même qu'à Rome, tout ce qui est dans le commerce, tout ce qui est susceptible d'être vendu peut faire l'objet d'une constitution de gage, avec cette différence toutefois qu'il ne peut être question dans notre droit que de choses mobilières.

C'est ce que l'article 2078 établit indirectement, puisqu'en prohibant l'appropriation que se ferait du gage le créancier, il pose, comme sanction finale de la garantie qu'il a reçue, sa vente aux enchères. Toute constitution de gage pouvant ainsi, au moins éventuellement, aboutir à la vente, le parallélisme qui existe entre la vente et le gage n'a donc rien que de fort naturel ; nous verrons notamment que la mise en gage de certains meubles incorporels exige des formalités analogues à leur aliénation. Toutes les choses corporelles mobilières, meubles, marchandises, animaux, l'argent comptant lui-même, peuvent être donnés en gage. On trouve un exemple de nantissement de l'argent comptant, dit Pothier, dans des statuts de bibliothèques publiques qui permettent à des bibliothécaires de prêter des livres à des étudiants, à la charge qu'ils remettront au bibliothécaire une somme de deniers double de la valeur des livres, en nantissement, et pour sûreté de la restitution des livres prêtés.

Il est inutile de dire que l'engagement du corps de l'homme, acte licite et malheureusement trop fréquent dans l'antiquité et au moyen âge, est absolument interdit de nos jours. Ce principe est pour nous absolu, et nous n'apercevons pas, comme M. Troplong (1), dans la contrainte par corps et le contrat d'otage des motifs qui puissent l'affaiblir. Le contrat d'otages en effet, tel qu'il se pratique entre nations civilisées, et réglementé par les usages modernes du droit des gens, ne peut ou plutôt ne doit aboutir qu'à une détention essentiellement temporaire et dans laquelle la liberté humaine, amoindrie sans doute, ne saurait être anéantie.

Si d'ailleurs dans les deux cas, nantissement et contrat d'otage, le but des parties est identique puisqu'il tend à garantir l'exécution d'une convention, d'un traité, les moyens employés pour y arriver sont bien différents, puisque, dans le gage seule-

____

(1) Troplong, *du nantissement*, § 52.

ment, nous voyons le droit du créancier fortifié par le droit de vente et par celui de se faire payer par privilège sur le prix de cette vente. Nous ne parlons ici, cela va sans dire, que du contrat d'otage digne de ce nom, c'est-à-dire de ces sortes de conventions, aujourd'hui tombées en désuétude, lesquelles intervenaient entre deux nations pour garantie de la loyale exécution d'un traité, et non pas de ces actes de violence monstrueux, réprouvés par toutes les lois humaines et qui tentent en vain de voiler sous une fausse dénomination la séquestration arbitraire ou l'assassinat.

Quant à la contrainte par corps, supprimée en matière civile et commerciale par la loi du 22 juillet 1867, elle ne nous paraît pas non plus offrir d'arguments sérieux en faveur de l'opinion qui essayerait de trouver dans la liberté de l'homme un moyen de nantissement. En effet, si à défaut de payement à l'échéance, le créancier trouve un équivalent réel dans l'objet du gage ou plutôt dans son prix de vente, il est incontestable que la privation de liberté infligée à un débiteur, en un mot que la contrainte par corps, ne sera jamais pour le créancier un équivalent sérieux de la somme d'argent que son débiteur est incapable de lui payer. L'emprisonnement du débiteur ne saurait tenir lieu de payement ; c'est seulement un moyen rigoureux pour y arriver, en contraignant un débiteur malhonnête à ne pas tenir secrètes plus longtemps des ressources que l'on suppose devoir exister.

L'art. 2075, en prescrivant les formalités exigées pour le nantissement des meubles incorporels, a tranché en même temps la question de savoir si cette partie de la fortune privée et qui a acquis de nos jours une si grande importance, pouvait aussi former l'objet de constitutions de gage. « A l'égard des choses incorporelles, disait Pothier, telles que sont des dettes actives, elles ne sont pas susceptibles du contrat de nantissement, puisqu'elles ne le sont pas d'une tradition réelle qui est de l'essence de ce contrat (1). » Mais, déjà à cette époque, l'opinion du savant commentateur de la Coutume d'Orléans n'était pas universellement partagée; le président Favre, se fondant sur la loi 4 au Code *quæ res pign.*, ne trouvait rien d'illicite dans le nantissement des créances, et cette seconde doctrine, que l'intérêt pratique devait faire prévaloir, fut en effet définitivement adoptée par la jurisprudence à la suite du célèbre arrêt, rendu le 18 mars 1769, par la Cour des Aides, dans l'affaire du marquis de Girardin contre les directeurs des créanciers du sieur Roussel, fermier général. C'est d'ailleurs à la suite de cet arrêt que Pothier, délaissant une doctrine, conforme sans doute aux dispositions étroites et rigoureuses du droit romain à son origine, mais à laquelle les innovations du droit prétorien n'avaient pas tardé à apporter un juste tem-

(1) Pothier, *Traité du nantissement*, n° 0.

pérament, ajoute en note de son édition de 1766 :
« Néanmoins, j'ai appris depuis l'impression de
mon traité, qu'on avait introduit dans notre jurisprudence française une espèce de nantissement des
dettes actives. » Pothier indique même dans cette
note les conditions de forme exigées pour la mise
en gage des créances, conditions que le Code
civil a reproduites, comme nous le verrons plus
loin, en consacrant ce dernier état de la jurisprudence et de la pratique.

Étant admis que les choses incorporelles peuvent
former l'objet d'un nantissement, il importe de
faire remarquer qu'il ne s'agit pas ici des droits
incorporels quelconques, mais seulement des droits
incorporels mobiliers. L'art. 2075 ne parle, en effet,
que des meubles incorporels, tels que créances mobilières; ajoutons que le gage ne pouvant consister
qu'en une *res mobilis*, d'après l'art. 2072, les termes
généraux de cet article s'appliquent aussi bien au
cas où le gage a pour objet une chose corporelle
qu'une chose incorporelle.

Aussi devra-t-on se garder de confondre le transfert en garantie dont nous nous occupons, avec le
transport-cession des créances et autres droits incorporels dont il est question dans les art. 1689 et
suivants. Ce dernier, comme on le voit à la lecture
de l'art. 1689, peut avoir pour objet toutes espèces
de droits ou actions, sans qu'il y ait lieu de distinguer entre ceux *qui tendunt ad quid mobile* et
ceux *qui tendunt ad quid immobile.*

Les créances mobilières seules peuvent donc être données en gage; il faut, de plus, qu'elles soient cessibles, susceptible d'être mises en vente, puisque le contrat de gage doit pouvoir aboutir à l'aliénation éventuelle de la chose. Parmi celles remplissant certainement ces conditions, nous apercevons tout d'abord les créances tendant au payement d'une somme d'argent, et celles qui ont pour objet une chose mobilière quelconque, alors même que le capital de la créance serait inexigible, comme les rentes sur l'État ou les rentes viagères. La créance est incessible lorsque la prestation à fournir a un caractère tout personnel, en ce sens qu'elle est établie exclusivement en faveur du créancier; ainsi ce sont les créances alimentaires, les provisions adjugées par justice; ces créances, de même que celles résultant d'une pension de retraite, ne peuvent donc être ni cédées, ni engagées.

La créance alternative d'une chose mobilière ou d'une chose immobilière suivra la nature de celle des deux choses que le débiteur offrira en payement au créancier. Le choix que fera le débiteur, autorisé par l'art. 1190, décidera donc de la validité du nantissement, lequel, jusqu'alors, ne pouvait être que conditionnel. Il n'en serait pas de même en cas d'obligation facultative; la nature de la créance sera toujours, en effet, celle de la chose due, alors même que, faisant usage de la *facultas solutionis* qui lui est réservée, le débiteur se libérerait au moyen d'une prestation autre que celle primitivement due.

Nous trouvons une application importante de ce principe dans l'art. 1471 du Code civil, autorisant la femme, lorsqu'elle exerce ses reprises à la dissolution de la communauté, à choisir, à défaut d'argent comptant ou de mobilier, un immeuble de la communauté jusqu'à concurrence de sa créance. Un arrêt solennel, rendu par la Cour de cassation le 16 janvier 1858, a fait cesser la longue et célèbre controverse portant sur la nature de l'action que l'art. 1471 confère à la femme, en décidant qu'elle n'exerçait ses reprises qu'à titre de créancière, concourant avec les autres créanciers de la communauté, et non à titre de propriétaire et par voie de prélèvement. Quant au caractère de cette créance, il ne saurait être modifié par le mode de payement que l'article 1471 établit en faveur de la femme, et qui l'autorise à s'indemniser par le prélèvement de celui des immeubles communs qui lui convient. La créance de la femme est donc toujours mobilière, car si elle peut exiger d'être payée en immeubles, il ne s'en suit pas qu'elle soit contrainte de recevoir un pareil payement. En établissant à son profit une *facultas solutionis*, la loi a entendu créer une faveur, et ce serait assurément vouloir la lui retirer que de lui enlever le droit que possède tout créancier, c'est-à-dire le droit de faire vendre les immeubles de son débiteur pour se faire payer sur le prix. L'action en reprises de la femme constitue donc une créance mobilière, susceptible, par conséquent, d'être donnée en gage. Mais s'il en est ainsi sous le régime de communauté légale et sous tous ceux qui peuvent être considérés comme en dérivant, la règle n'est pas la même s'il s'agit d'une femme mariée sous le régime dotal; dans ce dernier cas, l'inaliénabilité des reprises dotales, définitivement établie par la jurisprudence, ne permet pas à la femme de céder ni de donner en nantissement les créances qui les lui font obtenir.

La créance garantie par une hypothèque, ne perd pas pour cette cause le caractère mobilier qu'elle pouvait avoir; la nature de la garantie ne pouvant avoir aucune influence sur celle de la chose garantie,

Le bail et l'emphytéose peuvent-ils être donnés en gage? Cette question revient à celle-ci : le bail et l'emphytéose sont-ils des droits réels immobiliers ou bien des droits personnels mobiliers? Dans le droit romain et notre ancien droit, le preneur n'avait n'avait qu'un droit purement personnel, n'avait qu'une créance ayant pour objet un fait que le bailleur s'était engagé à prester « *uti frui licere præstare* », créance qui de plus était mobilière, alors même que la chose louée était un immeuble. Cette théorie, forte de la double autorité des siècles et de la raison, semblait devoir ne jamais être attaquée, lorsque le président Troplong, en 1836, émit une doctrine nouvelle qui ne tendait à rien moins qu'à accorder au preneur un droit réel dans l'immeuble loué. Sans avoir à reproduire ici les divers arguments du premier président de la Cour de Cassation, disons seulement qu'ils consistaient principalement à envisager les art. 1743 du Code civil et 684 du Code de procédure, comme ayant fait subir au droit du preneur une transformation radicale. A quoi en effet reconnait-on un droit réel? A deux choses : en ce qu'il confère un droit de suite et un droit de préférence. Or 1743 confère au preneur un droit de suite et 684 un droit de préférence ; il faut donc en conclure qu'il possède un droit réel très-caractérisé. Selon M. Troplong, l'innovation consacrée par l'article 1743 du Code civil avait déjà été tentée et commencée par la loi du 26 septembre 1791 sur le Code rural, en ce qui concerne les biens ruraux.

Nous ne pouvons nous laisser toucher par toutes ces raisons ; et d'abord, la loi de 1791 n'imposait le maintien du bail à l'acquéreur que quand il s'agissait de baux de six années et au dessous, et encore la convention des parties pouvait-elle déroger à cette disposition. Or, il faut convenir que c'est un étrange droit réel que celui que la volonté des parties peut maintenir ou faire disparaître à son gré, et dont l'existence se trouve, en tous cas, subordonnée à la période de temps pour laquelle le bail aura été consenti.

Quant à la disposition établie par 1743, elle n'est nullement motivée par la réalité du droit du preneur, mais par ce fait que la loi sous-entend et impose, dans tous les actes de vente, l'obligation pour l'acheteur de maintenir le bail ; c'est une subrogation virtuelle et nécessaire de l'acheteur dans les obligations résultant du bail, subrogation organisée par la loi dans l'intérêt de l'agriculture, dans l'intérêt de la bonne administration, laquelle exige le maintien des baux. Mais n'est-ce pas là tout l'opposé de la célèbre loi romaine *emptorem*, ainsi conçue : « emptorem fundi necesse non est stare colono, » nisi ea lege emit »? Pas le moins du monde ; car cette petite clause finale *nisi ea lege emit*, clause d'après laquelle l'acheteur devait lorsqu'il en était convenu, maintenir le preneur en jouissance, et qui chez les Romains était toujours sous-entendue dans les ventes passées par le fisc, est de nos jours sous-entendue dans toutes les aliénations volontaires ou forcées ; en un mot, elle est devenue impérative de facultative qu'elle était autrefois.

Le code n'a donc pas fait du droit du preneur un *jus in re*, c'est encore aujourd'hui un droit personnel tel qu'il l'a toujours été. C'est de plus un droit mobilier puisque le bailleur obligé de procurer au preneur la jouissance de l'immeuble et de l'y maintenir, se verrait condamner à des dommages-intérêts s'il manquait à cette obligation. Il faut donc conclure de tous ces motifs que la créance du preneur peut être engagée.

Quant au droit du preneur emphytéotique, la jurisprudence et la pratique le considèrent comme réel immobilier, susceptible par conséquent d'hypothèque et non de gage. Malgré la tradition constante de l'ancienne législation, nous ne pouvons plus admettre aujourd'hui ce système, et nous considérons simplement l'emphytéose comme un bail ordinaire mais d'une durée plus longue, pouvant donc former l'objet d'un contrat de nantissement mobilier. Dans notre ancien droit, le bail emphytéotique, habituellement perpétuel, était considéré comme conférant au preneur le domaine utile, tandis que le domaine direct restait au propriétaire. Ce droit lui fut conservé par le décret du 29 décembre 1790 qui limita à 99 ans la durée des baux emphytéotiques devant être passés à l'avenir, tout en laissant subsister le caractère de réalité du droit du preneur. Vint ensuite la loi hypothécaire du 9 messidor an III qui décida que le droit de jouissance résultant de l'emphytéose pourrait continuer à être hypothéqué, pourvu qu'il eût encore vingt cinq ans de durée. Enfin la loi du 11 brumaire an VII, disposant que l'emphytéose, comme le droit d'usufruit, pouvait être hypothéquée, la considérait donc formellement comme un droit réel de jouissance sur la chose.

Le Code civil au contraire, dans l'énumération des biens susceptibles d'hypothèque faite par l'article 2118, ne parle pas de l'emphytéose, et son silence est d'autant plus significatif que cet article copiait l'article 6 de la loi du 11 brumaire an VII. Cette omission n'a pu être qu'intentionnelle; elle est un argument considérable pour soutenir que sous le régime du Code civil, l'emphytéose ne confère aucun droit réel au preneur, qu'elle n'est par conséquent qu'un bail ordinaire. La jurisprudence, avons-nous dit, décide autrement : elle objecte que le caractère réel immobilier de l'emphytéose ayant été reconnu par le droit intermédiaire, le silence du Code civil ne saurait être considéré comme suffisant pour abroger une loi antérieure, et que si le Code ne consacre pas ce droit, il ne l'exclut pas non plus. Nous ne pouvons admettre ce système; nous pensons que l'omission faite par le Code civil a été volontaire et nous en trouvons la preuve dans les paroles suivantes prononcées par Tronchet, dans la discussion sur l'article 2118 : « l'emphytéose n'a plus d'objet aujourd'hui, elle ne se produit plus dans l'état actuel de la société car elle n'avait d'utilité qu'à l'époque des grands défrichements de territoire ». Nous rangeons donc l'emphytéose au nombre des droits personnels mobiliers susceptibles d'être donnés en gage.

Telles sont les choses, corporelles et incorporelles qui peuvent former l'objet du nantissement mobilier. Voyons maintenant quelle doit être la capacité des parties contractantes; et d'abord, par qui un gage peut-il être concédé? La plupart du temps ce sera par le débiteur, mais l'article 2077 nous fait voir qu'il pourra l'être aussi par un tiers pour le débiteur. Dans ce second cas, nous aurons, comme le fait remarquer Pothier, deux contrats parfaitement distincts; d'un côté mandat ou gestion d'affaires entre le débiteur et le propriétaire qui engage sa chose, de l'autre contrat de gage entre le créancier et ce propriétaire. Ajoutons que cette constitution de gage n'a nullement pour effet d'obliger personnellement envers le créancier le tiers qui l'a faite. C'est une caution réelle, laquelle ne peut être tenue que *propter rem*, tandis que la caution ordinaire, tenue personnellement, l'est sur tous ses biens. Mais ce tiers de qui émane la constitution de gage, tenu d'une façon spéciale et pour un bien déterminé, ne saurait, vis-à-vis le créancier, invoquer le bénéfice de discussion que peut invoquer la caution ordinaire obligée sur tous ses biens.

Qu'elle émane du débiteur ou d'un tiers, la constitution de gage, pour être valable, doit avoir été faite par le propriétaire de la chose engagée, qui doit en outre être capable d'en disposer puisqu'il s'expose a une aliénation éventuelle, conditionnelle de cette chose. De même, jusqu'à l'expropriation possible du débiteur, le créancier étant, comme nous le dit l'article 2079, un dépositaire aux soins duquel le gage a été confié, doit avoir comme tout dépositaire, la capacité de s'obliger à propos des détériorations subies par la chose engagée, par son fait ou par sa faute. En un mot, dans toute cette matière, et au point de vue de la capacité des parties contractantes, il faut suivre les règles générales des obligations, règles dont nous n'avons pas à nous occuper ici.

Que faut-il maintenant décider si la chose d'autrui avait été engagée à l'insu de son propriétaire ? nous avons vu qu'en cas pareil, le droit romain ne frappait pas d'une nullité radicale le contrat de gage intervenu ; les actions pignératitiennes, directe et contraire, prenaient naissance entre le débiteur et le créancier, toutefois la *res aliena* ne cessait pas de rester libre pour son propriétaire qui pouvait la reprendre sans avoir à tenir compte d'un contrat qui ne l'intéressait pas. Pothier, dans son Traité du Nantissement, reproduit littéralement la théorie romaine : « il n'est pas nécessaire, pour la validité » du contrat de nantissement, que la chose appar- » tienne au débiteur qui l'a donnée en nantissement, » ni même que le propriétaire de cette chose ait » consenti au contrat. Il est vrai que le proprié- » taire pourra la réclamer entre les mains du créan- » cier et le faire condamner à la lui rendre, quoiqu'il » n'ait pas été payé de sa dette. Mais bien qu'en ce » cas, le créancier n'acquière pas sur cette chose le » *jus pignoris*, celui qui la lui a donnée en nantis- » sement, n'ayant pu lui donner un droit dans une » chose dans laquelle il n'en avait lui-même aucun, » le contrat de nantissement ne laisse pas que » d'être valable comme tel et de produire entre les » parties les obligations réciproques qui naissent » de ce contrat. » Pothier ajoute un peu plus loin : « Le créancier qui a reçu en nantissement des choess » sur lesquelles le débiteur n'avait aucun droit, sera » donc sujet à être évincé par le propriétaire de ces » choses qui n'a pas consenti au nantissement. » Argou (1) est du même avis quand il dit que : « si

---

(1) Argon, *Institution au droit français*, t. 2.

» le débiteur avait engagé les meubles d'un autre,
» le propriétaire les pourrait revendiquer et se les
» faire rendre, sans payer la dette, pour laquelle ils
» auraient été engagés. » Telle était la doctrine de
l'ancien droit, conforme en cette matière, à la jurisprudence de la plupart des Parlements. En est-il
de même aujourd'hui ? Nous le pensons pas. « Il
» nous semble que le créancier de bonne foi pour-
» rait invoquer le principe de l'article 2279 », dit
M. Bugnet, en note du n° 27 de Pothier. La règle
« en fait de meubles possession vaut titre » inconnue au droit romain ainsi qu'à notre ancienne jurisprudence profondément pénétrée des idée romaines, a introduit dans cette question une révolution radicale, révolution d'ailleurs que l'intérêt
pratique avait déjà tentée, comme on peut le voir
par un arrêt du 7 février 1636, décidant que le propriétaire ne peut réclamer le gage donné qu'en
restituant le prix de l'engagement. Cet arrêt était
d'ailleurs en parfaite harmonie avec l'opinion que
le président Favre avait du droit français quand il
disait : « apud Gallos, pignorum mobilium perse-
» cutio hypotecaria nulla est, si ab alio quam ipso
» debitore possideantur (1) ». Il est incontestable
pour nous que le principe doctrinal de l'article 2279
a, d'une façon définitive. tranché la question dans
le sens de l'arrêt de 1636. Lors donc qu'un créancier

______

(1) Sur la loi 5, § 8, D., *De trib. act.*

s. 7.   7

a reçu de son débiteur un gage dont ce dernier n'est pas propriétaire, il faut continuer à décider que les obligations réciproques que le nantissement fait naître entre les parties, se produiront dans tous les cas; quant au propriétaire de la chose ainsi engagée, ses droits seront différents selon que le créancier n'était pas ou était au contraire de bonne foi. Ce créancier était-il de mauvaise foi, c'est-à-dire savait-il que son débiteur n'avait aucun droit sur le gage qu'il lui avait donné, il n'y aura absolument rien de fait, et le propriétaire pourra revendiquer purement et simplement ce qui lui appartient. Le créancier au contraire était-il de bonne foi, mais la chose reçue en gage avait-elle été volée ou perdue, le propriétaire pourra encore la revendiquer pendant trois années, à compter du jour de la perte ou du vol, contre celui dans les mains duquel il la trouve et qui est ici le créancier gagiste, mais à condition de lui rembourser ce qu'elle avait coûté au débiteur, si toutefois ce dernier l'avait achetée dans une foire ou dans un marché, dans une vente publique ou d'un marchand vendant des choses pareilles. Par analogie avec les articles 2279 et 2280, nous devons accorder ici au créancier le droit qu'aurait eu le débiteur si c'eut été contre lui que le propriétaire eut dirigé sa revendication. Si l'acquisition par le débiteur de la chose engagée ne s'était pas faite dans les circonstances favorables énumérées par l'article 2280, le le propriétaire aurait aussi trois ans pour la reven-

diquer, mais sans avoir aucun remboursement à
faire au créancier, sauf à ce dernier son recours
contre celui de qui il la tient. M. Duranton va plus
loin, et la sécurité des transactions commerciales nous porte en effet à penser avec lui,
que le propriétaire ne pourrait reprendre sa chose
au créancier qu'en lui remboursant ce qui lui
est dû, alors même que nous serions en dehors des
cas prévus par l'article 2280, si ce créancier l'avait
reçue en gage de bonne foi, d'un individu faisant
alors commerce de choses pareilles. Le propriétaire
aurait alors une action de gestion d'affaires contre
le débiteur dont il a ainsi acquitté la dette.

Si maintenant, en supposant toujours le créancier de bonne foi, la chose n'avait été ni volée, ni
perdue, mais simplement prêtée par exemple au
débiteur, le propriétaire ne pourrait en obtenir la
restitution qu'en désintéressant complétement le
créancier, sauf encore son recours contre le débiteur
dont il a ainsi fait l'affaire. C'était à lui à mieux
placer sa confiance; son imprudence ne doit pas
nuire à un tiers (1).

Il peut arriver que le débiteur à qui n'appartenait
pas la chose donnée en gage, en devienne dans la
suite propriétaire; dans ce cas le contrat de gage
se trouvera rétroactivement validé. Il est vrai qu'en

______

(1) En ce sens Delvincourt, t. 3, p. 438, *aux notes;* Duranton, t. 18,
n° 533; Zachariæ, t. 3, § 433; Troplong, *Commentaire sur le nantissement,* n°ˢ 72 et suivants ; Bugnet, sur *Pothier,* note sur le n° 27, t. 5,
p. 400.

matière d'hypothèque il en est autrement, car on enseigne assez généralement que l'hypothèque constituée sur l'immeuble d'autrui est d'une nullité tellement absolue que l'acquisition postérieure de l'immeuble par le constituant ne la validerait pas; on se fonde sur la prohibition de l'hypothèque des biens à venir établie par l'art. 2129. Selon nous, cette prohibition ne saurait avoir des conséquences aussi absolues; ce que la loi défend sous le nom d'hypothèque de biens à venir, c'est l'hypothèque portant indéterminément sur un ensemble de biens à venir, ce qui serait contraire en effet au grand principe de la spécialité de l'hypothèque, Mais quand il s'agit d'une hypothèque, consentie il est vrai *a non domino*, mais sur un immeuble spécialement déterminé et dont le débiteur devient ultérieurement propriétaire, nous ne voyons pas pourquoi ce débiteur ne serait pas lié aussitôt que cela est devenu possible. Le consentement du débiteur a été donné; la constitution qu'il a consentie implique de sa part une obligation de garantie, et l'on sait que celui qui est tenu d'une obligation de garantie ne peut avoir le droit d'évincer celui envers lequel il s'est ainsi obligé. Or, rien ne nous autorise à supposer qu'il doive en être autrement en matière de gage.

Nous avons vu qu'à Rome, il était permis au créancier d'engager la chose qu'il avait lui-même reçue en gage; c'était ce que l'on nommait le *sub pignus*, dans lequel l'objet lui-même, avons-nous

dit, et non le droit de gage du créancier, était donné
en nantissement. Il en résultait, selon l'observation de Marcien, que lorsque le propriétaire du
gage avait acquitté sa dette, le gage du second
créancier était forcément éteint, d'après le principe :
resoluto jure dantis resolvitur jus accipientis. Or,
rien ne s'oppose non plus chez nous à la validité
du *sub pignus*, mais le principe de l'art. 2279 devait
ici encore apporter de sensibles modifications à la
théorie romaine. Le second créancier savait-il que
ce qu'il a reçu en nantissement était déjà affecté
d'un droit de gage entre les mains de son débiteur
et que ce gage ne lui appartenait pas, on peut dire
qu'il n'y a eu qu'un contrat nul en ce qui concerne, tout au moins, les droits du propriétaire de
la chose ainsi engagée. Ignorait-il au contraire que
celui dont il tient le gage n'en était pas le propriétaire, il pourra alors, malgré le payement effectué
par le *verus dominus* au premier créancier, et invoquant la maxime « en fait de meubles possession vaut titre, » retenir la possession de son gage,
le faire vendre s'il y a lieu et se faire payer par préférence sur le prix en provenant. Nous avons supposé dans l'exemple précédent que le débiteur avait
sciemment engagé la chose d'autrui. Si ce débiteur
était de bonne foi, s'il croyait réellement être propriétaire du gage qu'il a donné, comme il est toujours préjudiciable au créancier de ne pas avoir reçu
un gage sur lequel il peut se faire payer avec certitude, ce créancier pourra recourir contre le débi-

teur qui a commis une faute en engageant, même involontairement, une chose dont il n'était pas propriétaire.

SECTION III

FORMES DE LA CONSTITUTION DE GAGE.

Il ne suffit pas, pour la validité du contrat de gage, qu'il intervienne entre personnes capables; il ne suffit pas non plus que son objet soit licite; l'intérêt des tiers, et, comme nous le verrons, l'intérêt des parties contractantes elles-mêmes, exigeait que le législateur entourât ce contrat de formalités rigoureuses. Cette nécessité de prévenir la fraude, de déjouer les calculs de la mauvaise foi, avait déjà motivé les dispositions de l'art. 148 de l'ordonnance de 1649 et celles de l'ordonnance de 1673. Les rédacteurs du Code civil qui avaient à éviter les mêmes dangers, devaient naturellement reproduire les mêmes dispositions. Les art. 2074 et 2075 énumèrent les diverses formalités de la constitution de gage : acte public ou sous seing-privé, enregistrement et tradition. A la seule lecture de ces articles, il est facile de s'apercevoir que ces diverses formalités ne sont exigées que pour faire acquérir et pour conserver au créancier le privilége que lui donne le droit de gage, qu'elles ne sont nécessaires, par conséquent, que pour rendre le contrat opposables aux tiers, mais qu'elles ne le sont nullement pour le rendre valable entre les parties contractantes. Quel devoit être, en effet, le but du législateur en prescrivant ces conditions de forme? Éviter qu'une substitution d'objets plus précieux que ceux d'abord compris dans la constitution de gage puisse se produire; prévenir l'usure à laquelle pourraient se livrer les prêteurs sur gages, nous dit Jousse; empêcher les fraudes qu'il aurait été si facile de pratiquer au moyen d'actes antidatés; sans ces formalités, c'est en vain que les art. 446 et 448 du Code de commerce auraient prononcé la nullité du gage consenti à partir des dix jours qui précèdent la cessation des payements, pour une dette antérieure à cette époque, ou de celui donné en même temps que la dette, mais postérieurement à la faillite déclarée. Aussi, le savant commentateur de l'ordonnance de 1673 ajoute-t-il : « La disposition des art. 8 et 9 de l'ordonnance ne peut avoir lieu que quand il y a d'autres créanciers qui s'opposent au privilége prétendu sur le gage par celui qui en est nanti. Mais, entre le créancier nanti et le débiteur, on ne peut douter que celui-là ne soit bien fondé à retenir le gage jusqu'à ce que le débiteur ait payé ce qu'il a emprunté sur ce même gage. » Pothier, pour les mêmes raisons, reproduisait les mêmes principes, et ce sont ces principes que les rédacteurs du Code civil devaient faire passer dans la législation actuelle sur le nantissement. « Quant à la forme, dit en effet le tribun Gary dans son discours au corps Législatif, il faut distinguer : s'il ne s'agit que de l'effet que doit avoir la convention entre le créancier et le débiteur, les règles suivant lesquelles la vérité de cette convention doit être établie, sont celles prescrites par la loi des contrats ou des obligations conventionnelles en général. Mais si cette convention doit être opposée à des tiers; si le détenteur du gage réclame, au préjudice de ces tiers, le privilége que la loi lui assure, il faut alors que la remise de ce gage, ou la convention dont elle est l'effet, aient une date certaine excluant toute idée de fraude et de collusion entre ce détenteur et le propriétaire du gage. Cette disposition est conforme à celle des art. 8 et 9 de l'ordonnance de 1673, qui n'avait jamais été expliquée et exécutée que dans l'intérêt des tiers. »

Ainsi donc, le contrat de gage est affranchi de toute formalité en ce qui concerne les rapports des parties contractantes; pour elles, la preuve de l'existence des conditions du contrat s'établit par les moyens de droit commun, c'est-à-dire, à défaut d'acte écrit, par l'aveu du débiteur, par son refus de prêter serment ou de référer le serment qu'on lui défère, enfin par la preuve testimoniale, si l'on se trouve dans un cas où elle peut être employée, et par la correspondance des parties. La preuve testimoniale ne pourrait donc être invoquée qu'en se conformant aux principes qui régissent la matière; elle ne serait, par conséquent, admise que pour une valeur n'excédant pas cent cinquante francs. C'est ce qui a lieu lorsque l'objet donné en gage ne vaut pas plus de cent cinquante francs, alors même que la créance garantie excèderait cette somme, ou bien lorsque la créance, ne dépassant pas cent cinquante francs, l'objet engagé excède cependant cette valeur. Il suffit, en un mot, qu'un des deux termes n'excède pas cent cinquante francs.

Il en est de même de la tradition sans laquelle, à l'égard des tiers, le créancier gagiste n'est censé avoir acquis aucun droit; entre lui et son débiteur, le contrat suffit à lui seul, pour faire naître un rapport juridique lequel, prouvé selon le droit commun des conventions, obligera le débiteur à fournir la sûreté qu'il avait promise.

Pour rendre les effets du contrat de gage opposables aux tiers, il en est tout autrement. « Aucun prêt ne sera fait sous gages, qu'il n'y en ait un acte par devant notaires, dont sera tenu minute, qui contiendra la somme prêtée et les gages qui auront été délivrés », disait l'ordonnance de 1673. De même l'article 2074 du Code civil fait de la rédaction d'un acte, contenant la déclaration de la somme due, ainsi que de l'espèce et de la nature des choses remises en gage, la condition première et indispensable de la naissance du privilége. Mais, tandis que dans l'ancien droit, la constatation du contrat pignoratif ne pouvait résulter que d'un acte notarié, le Code, moins exigeant, met sur la même ligne l'acte authentique et l'acte sous seing privé enregistré. La rédaction d'un écrit et son enregistrement, ajoute l'article 2074, ne sont néanmoins prescrits qu'en matière excédant la valeur de cent cinquante francs. Les formalités imposées ne le sont pas en effet, comme celles exigées en matière de donations, *ad solemnitatem*, mais seulement *probationis causa*; elles n'ont pas pour but de soumettre le contrat de nantissement à des conditions gênantes et restrictives, mais, ainsi que nous l'avons précédemment établi, de prévenir les tentatives frauduleuses, lesquelles, sans aucun doute, ne chercheront pas à se produire pour un intérêt inférieur à cent cinquante francs.

L'acte exigé pour rendre le contrat opposable aux tiers doit faire foi de sa date, aussi la loi veut-elle qu'il soit enregistré lorsqu'il n'a pas été passé par devant notaire. L'article 2074, à défaut d'authenticité, ne prévoit que le cas d'enregistrement, faut-il dire, comme l'ont soutenu divers auteurs, qu'il y a là, de la part des rédacteurs du Code, une restriction volontaire aux dispositions de l'article 1328, et qu'à défaut d'enregistrement, le créancier gagiste ne pourrait pas invoquer le décès de l'un des signataires ou la relation de l'acte privé dans un acte authentique, pour donner à cet acte privé la certitude de date qui doit le rendre opposable aux tiers? nous ne le croyons pas; l'enregistrement peut par-

faitement se suppléer par les autres modes qui font
acquérir la date certaine aux actes sous signature
privée, et s'il est seul indiqué dans l'article 2074
c'est qu'il l'est *exempli causa*. Le but de la loi ayant
été de prévenir les antidates par cette formalité de
l'enregistrement, il n'y a aucune raison d'écarter
les équipollents relatés dans l'article 1328, équivalents que les termes de ce dernier article et le bon
sens placent sur la même ligne. Certains auteurs et
quelques décisions de la jurisprudenée ne partagent pas cet avis; MM. Aubry et Rau, M. Duranton notamment, considèrent la formalité de l'enregistrement comme étant rigoureusement imposée
pour donner à l'acte privé certitude de date à l'égard
des tiers. En cette matière, dit-on, tout est de rigueur (1), comme en matière d'hypothèque; or,
l'omission d'une formalité prescrite par la loi pour
la validité de la constitution d'une hypothèque, ou
pour la validité de l'inscription, entraînerait assurément la nullité de l'hypothèque ou de l'inscription,
bien que l'absence de cette formalité ne laissât
cependant aucun doute sur le fait de la constitution
ou de l'inscription. Il doit en être de même en matière de nantissement; la loi qui, dans l'un et l'autre
cas, accorde certaines préférences au créancier qui
a rempli les conditions qu'elle impose, ne saurait
tolérer que ce créancier jouisse des mêmes avantages
sans observer les prescriptions exigées. Toutes ces

(1) Aubry et Rau, t. 3, § 433; Duranton, t. 18, n° 514.

raisons, sérieuses sans doute, ne nous semblent pas décisives; qu'a voulu le législateur en écrivant l'article 2074? donner à l'acte de nantissement une date sur la certitude de laquelle le doute fut impossible, comme il arrive par exemple, lorsque l'acte a été enregistré. S'ensuit-il que l'enregistrement soit le seul moyen d'arriver à un résultat identique? Non, puisqu'une disposition législative, celle de l'article 1328, met exactement sur la même ligne le décès de l'une des parties ou l'insertion de l'écrit dans un acte authentique. Ce qui prouve, de plus, que la loi n'a pas entendu faire de l'enregistrement une formalité constitutive et substantielle du nantissement, comme celle de la transcription pour les donations ou celle de l'inscription pour les hypothèques, c'est que le montant de la donation, ou bien celui de la somme garantie par l'hypothèque fussent-ils inférieurs à cent cinquante francs, les diverses formalités dont nous parlons seront toujours exigées, tandis qu'il en sera autrement en fait de nantissement.

C'est ce qui démontre que l'enregistrement n'est pas non plus exigé ici comme mesure fiscale mais uniquement pour donner à l'acte certitude de date. Mais nous sommes d'avis que les moyens proposés par l'art. 1328 sont limitatifs et qu'ils ne sauraient à leur tour être remplacés par des équivalents; aussi est-ce avec raison que la Cour d'Aix (1) a con-

---

(1) Aix, 27 mai 1845 (Dalloz, 45, 2, 118).

firmé un jugement décidant que le timbre de la poste ne suffisait pas pour donner date certaine à un acte de nantissement. Rien ne serait plus facile en effet que de faire circuler par la poste des papiers blancs et d'y relater plus tard une constitution de gage.

Ainsi que nous le dit l'art. 2074, l'acte public ou sous seing privé doit contenir « la déclaration de la somme due ainsi que l'espèce et la nature des choses remises en gage, ou un état annexé de leurs qualité, poids et mesure. » La somme due doit être expressément déterminée, aussi la Cour de Cassation a-t-elle décidé qu'on ne pourrait valablement garantir, au moyen d'une constitution de gage, un crédit illimité ; la loi n'exige pas ici, comme l'art. 2148 le prescrit en matière hypothécaire, la mention de la date et de la nature dn titre de cette créance, bien que cette mention eût été très-utile pour prévenir les fraudes. Les créanciers qui voudraient établir que la créance qui a donné lieu à la constitution de gage est éteinte ou simulée, ne le pourront donc que par les moyens de droit.

Ajoutons enfin que la désignation des objets remis en gage doit être claire, précise et complète ; ainsi celui qui donnerait en garantie une bibliothèque devra non-seulement indiquer le nombre des volumes, mais encore les titres, leur format et autres signes caractéristiques, car sans cette précaution il serait trop facile, la constitution de gage étant faite, de substituer des livres sans valeur à des ouvrages d'un grand prix ou recouverts d'une reliure de luxe. Mais il nous semble que la désignation insuffisante de certains objets compris dans une constitution de gage, bien qu'elle rende nul le nantissement de ces objets, ne saurait avoir d'effet sur la validité du gage de ceux qui seraient suffisamment désignés. Ainsi, pour revenir à notre exemple, un arrêt du 8 juin 1809 avait infirmé et, cela avec raison, un jugement du tribunal de la Seine considérant comme suffisante cette désignation de l'objet engagé : « douze corps de bibliothèque contenant quinze mille volumes. » Or, selon nous, l'arrêt est allé trop loin, car, comme le fait parfaitement observer M. Duranton *utile per inutile non vitiatur*. La désignation des volumes était certainement insuffisante puisqu'elle permettait de modifier, comme bon semblerait, la composition de ces volumes. Mais, les corps de bibliothèque contenant ces ouvrages pouvaient être considérés comme suffisamment spécifiés, et pour cette raison, surtout en admettant que ces corps de bibliothèque, considérés comme meubles, pouvaient avoir une certaine valeur, il eut été juste de décider que la constitution de gage, ainsi restreinte, était valable.

L'état des objets engagés doit être annexé à l'acte quand il ne se trouve pas dans l'acte lui-même; il doit aussi avoir été enregistré ou avoir reçu date certaine par les moyens de droit commun. La loi ne nous a pas indiqué dans quel délai l'acte sous

seing privé constitutif de gage devra être enregistré
ou acquérir date certaine selon 1328; elle n'avait
pas à le faire, cette question étant une de celles qui
se résolvent par les principes généraux du Code civil.
Aussi dirons-nous qu'il est nécessaire mais suffisant
que l'acte constitutif de gage ait acquis date certaine avant l'époque où des tiers acquerraient des
droits que l'exercice du privilége du créancier gagiste pourrait atteindre. L'enregistrement qui
n'aurait pas encore eu lieu à ce moment, ne pourrait plus être utilement fait à l'encontre de ces droits.
Si donc nous supposons le cas de faillite du débiteur, il faudra décider que tout droit de nantissement qu'il aurait constitué et qui n'aurait pas reçu
date certaine avant l'époque déterminée par le tribunal comme étant celle de la cessation de ses payements, ou avant les dix jours qui auront précédé
cette époque, sera nul et sans effet relativement à
la masse des autres créanciers.

Le nantissement présente quelquefois l'apparence
du contrat de vente, et il a été jugé que cette simulation n'avait rien d'illicite, pourvu que l'acte constatant cette vente fût régulièrement enregistré et
que l'objet paraissant être vendu fût remis entre les
mains du créancier; les formalités essentielles au
nantissement sont en effet accomplies et le rendent
opposable aux tiers. A l'appui de cette opinion,
M. Troplong invoquant un argument d'analogie,
cite la jurisprudence qui considère comme valables
les donations déguisées sous la forme d'un contrat

à titre onéreux. Nous ne pouvons partager son avis; tout en réservant notre manière de voir sur la valeur des donations déguisées, nous trouvons que les divers arguments que l'on a l'habitude d'invoquer en leur faveur, ne pourraient être que difficilement reproduits lorsqu'il s'agit de nantissement déguisé. Les termes de l'art. 911 qui semblent valider la libéralité simulée pour le cas où cette libéralité serait faite au profit d'une personne capable, sont spéciaux à la matière des donations.

On invoque aussi la considération suivante qu'il est certainement plus facile de citer que d'expliquer : « un donateur, et ici un débiteur, peut faire indirectement tout ce qu'il a le droit de faire directement. » Mais c'est précisément là la question ; le désir d'éviter des formalités peut-être gênantes ou l'acquittement de droits d'enregistrement, ne suffit pas, selon nous, pour permettre d'éluder des conditions de forme prescrites par la loi autant dans l'intérêt des parties contractantes que dans celui des tiers. La convention, dont l'effet est de constituer un droit de préférence opposable à d'autres créanciers, porterait atteinte, si elle était simulée, aux garanties légales établies en faveur des co-créanciers du débiteur commun. Faciliter à un débiteur d'une solvabilité douteuse les moyens de cacher sa position par des agissements trompeurs, c'est là un but que le législateur devait absolument éviter, et il nous semble qu'il ne pouvait pas plus entrer dans ses vues d'autoriser la simulation en

matière de gage qu'il ne l'a fait en matière d'hypothèque.

Ainsi du reste que nous avons commencé par
l'établir, les parties contractantes ne seraient pas
reçues à s'opposer l'inobservation des formalités du
contrat de nantissement, et la simulation dont il
s'agit ne pourrait être attaquée que par les tiers
qui se prétendraient lésés.

Toujours dominé par la pensée de prévenir la
fraude, et craignant avant tout que le débiteur,
en restant en possession de la chose engagée, pût
s'attirer par des apparences mensongères un crédit
immérité, la loi a également fait de la tradition
une condition essentielle pour rendre le contrat de
gage opposable aux tiers. Il faut, dit Pothier, qu'il
intervienne une tradition réelle de la chose engagée; l'art. 2076 a fait de cette mise en possession
la base du privilège donné au gagiste. Cette possession doit en outre être continue; le créancier mis
en possession doit y rester; c'est là une conséquence de l'art. 2279, c'est un effet du caractère
assigné par la loi au privilège qui naît du nantissement. Le Code civil, en exigeant du créancier
cette détention apparente de l'objet formant sa
sûreté, s'est donc montré plus sévère que le droit
romain qui autorisait le débiteur à conserver, pour
le compte du créancier, la possession de ce qu'il
lui avait donné en gage. Aujourd'hui il ne pourrait
plus en être ainsi; cependant, comme le législateur en cherchant à empêcher la fraude, devait

prévoir le cas où la possession imposée au gagiste aurait été gênante pour lui et improductive pour le débiteur, il ne pouvait s'opposer à ce que la chose engagée fût déposée entre les mains d'un tiers convenu entre les parties. C'était à la fois faciliter la pratique du nantissement et augmenter les moyens de crédit d'un débiteur, puisqu'il pourra de cette façon donner la même chose en gage à plusieurs personnes successivement, pour toute sa valeur, et jusqu'à ce qu'il ait épuisé cette valeur; c'est ce qui a lieu, comme nous le verrons, en matière de commerce, pour les marchandises déposées dans les magasins généraux.

Quoiqu'il en soit, le nantissement ne serait pas valable, si la dépossession du débiteur n'avait pas été assez complète pour empêcher toute substitution, toute fraude, et si elle n'avait pas été concomitante à l'acte constitutif de gage.

L'art. 2076 n'exige la tradition du gage que pour rendre le droit de préférence du créancier, son privilége en un mot, opposable aux tiers; mais le défaut de tradition ne saurait être invoqué par le débiteur ni par ses héritiers, pas plus qu'ils ne seraient en droit de se prévaloir du défaut de date certaine ou des autres formalités extrinsèques du contrat de gage.

Conformément au principe de l'art. 2279-2°, le créancier aurait un délai de trois ans pour revendiquer la possession du gage qu'il aurait perdu ou qui lui aurait été volé, sous réserve toutefois de l'application de l'art. 2280 quand il y aura lieu de le faire.

Arrivons maintenant au nantissement des meubles incorporels, des créances mobilières. L'art. 2075, tout en faisant cesser la controverse qui existait encore du temps de Pothier sur la valeur d'un semblable nantissement, nous fait connaître les formalités qui doivent l'accompagner. Celui qui, dans l'ancien droit, voulait engager des dettes actives, les cédait à titre de nantissement à son créancier et par-devant notaire, en remettant entre les mains du gagiste les titres de ces créances; puis, il signifiait à son débiteur la cession qu'il avait faite de la créance qu'il avait contre lui. Il en est encore ainsi aujourd'hui. De même que pour les meubles corporels, la condition première pour rendre le nantissement des créances opposable aux tiers est une mise en possession, puis un acte rédigé d'après les prescriptions de l'art. 2074, c'est-à-dire, faisant obtenir date certaine à la constitution de gage, indiquant la somme garantie et le montant de la créance engagée. L'impossibilité de la mise en possession des meubles incorporels, qui semblait à Pothier devoir faire obstacle à leur nantissement, s'effectue de la façon la plus simple par la remise du titre original entre les mains du créancier gagiste. La créance, représentée par un titre, est donc en quelque sorte matérialisée; aussi faut-il dire sans hésiter que tout nantissement qui n'aurait pas dessaisi le débiteur de son titre, n'aurait aucune valeur juridique aux yeux des divers créanciers, des tiers contre lesquels on voudrait se prévaloir de ce nantissement. Il en résulte que les créances ne reposant pas sur un titre ne sauraient être données en gage; on a jugé, par exemple, que l'action en répétition des impenses faites par un mari sur des immeubles de sa femme, ne formant qu'une créance sans titre, ne pouvait être donnée en gage.

Nous devons de plus faire remarquer que l'article 2075, en exigeant la rédaction d'un acte public ou sous-seing privé, n'apporte pas à cette obligation le tempérament de l'article précédent spécial au nantissement des meubles corporels. Ici, peu importe que la matière soit au dessus ou au dessous de cent cinquante francs; l'art. 2075 ne distingue pas, et la constitution de gage devra tonjours être constatée par écrit. Il ne pouvait d'ailleurs pas en être autrement, l'art. 2075 ne pouvait ni ne devait établir de distiction, puisque, quelle que soit la somme, il faudra nécessairement un acte, au moins pour garantir au gagiste l'existence de son privilège, pour empêcher que le débiteur de la créance cédée en garantie ne vienne à s'acquitter entre les mains de son propre créancier, acte qui devra être signifié au débiteur de la créance engagée. La prise de possession d'une créance n'est en effet complète qu'après l'avertissement donné au débiteur, qu'après la notification qui lui en est faite. Un simple transport ne saisit point avant qu'il soit signifié, disait déjà l'art. 108 de la Coutume de Paris; c'est donc cette signification qui saisit le créancier gagiste à l'égard des tiers, de même qu'aux termes de 1690 elle saisit également le cessionnaire vis à vis le débiteur de la créance cédée. L'art. 2075 n'est donc ici que l'application de cet art. 1690 qui doit, selon nous, lui servir sans difficulté de complément ; nous pensons donc que l'acceptation du transport faite dans un acte authentique par le débiteur de la créance engagée doit être considérée comme un équivalent régulier de la signification.

Le transport-cession et la cession à titre de garantie ont, comme on le voit, beaucoup d'analogie ; le nantissement d'une créance, n'est en effet qu'une cession de cette créance tendant, il est vrai, à des fins particulières et limitées. Il ne faut cependant pas les confondre, comme on serait trop porté à le faire, à l'aspect des traits communs qui caractérisent ces deux actes juridiques, sans avoir égard à ceux qui les différencient. Quels sont donc ces caractères ? s'agit-il d'une cession véritable ? le cessionnaire, devenu propriétaire de la créance, en disposera comme bon lui semblera. S'agit-il d'un transport à titre de garantie ? le cessionnaire n'est en quelque sorte qu'un dépositaire, qu'un possesseur tenu de restituer la chose qu'il détient, sauf dans le cas spécialement prévu où le débiteur ne pouvant s'acquitter, le cessionnaire exercerait sur cette chose un droit de préférence déterminé. A l'égard des tiers la différence est tout aussi grande ; s'agit-il d'un cessionnaire devenu propriétaire de la créance, il n'a pas à s'occuper des créanciers du cédant pourvu que le transport qui lui a été consenti ne soit pas entaché de fraude, ce qui l'exposerait au recours de l'art. 1167. S'agit-il d'un cessionnaire, simple créancier gagiste ? les divers créanciers du cédant n'en auront pas moins le droit de faire saisir-arrêter cette créance ; une distribution par contribution s'ouvrira alors dans laquelle le cessionnaire gagiste devra se déclarer opposant, et produire dans les délais voulus conformément à l'article 660 du Code de procédure civile. En un mot, d'un côté nous avons un propriétaire, de l'autre un possesseur qui n'a sur la chose qu'il détient que les droits limitativement déterminés par l'art. 2078.

Ajoutons encore que le transport-cession peut avoir pour objet des droits mobiliers et immobiliers, et que le nantissement ne peut s'appliquer, comme on sait, qu'à des droits mobiliers.

Quoiqu'il en soit, le défaut de notification du transport au débiteur cédé produirait, dans l'un et l'autre cas, des effets à peu près identiques. Ainsi, le cédé lui-même qui aurait payé son créancier au préjudice des droits du gagiste, pourra se prévaloir de ce que la signification ne lui aurait pas été faite. Le défaut de notification pourrait aussi être invoqué par un second cessionnaire de la créance ; de même par les autres créanciers du débiteur qui a donné cette créance en gage. Enfin, le cédé à qui la notification n'a pas été faite, pourrait opposer la compensation de la somme dont son créancier deviendrait débiteur envers lui après la constitution du du gage. Averti au contraire par la signification qui lui a été faite, le débiteur devra bien se garder de faire un paiement qui pourrait être préjudiciable aux droits du créancier gagiste. On peut donc assimiler jusqu'à un certain point les effets de la signification à ceux d'une saisie-arrêt avec cette réserve toutefois que la saisie-arrêt véritable, ne crée aucun droit de préférence au profit du saisissant.

Par tout ce qui précède, il est facile de voir que la signification ou acceptation authentique du cédé, nécessaire pour consolider le droit de gage du créancier, serait intempestive et inefficace, si elle était postérieure à une saisie-arrêt pratiquée par d'autres créanciers entre les mains du débiteur cédé. Pour être utilement faite, la signification doit en effet avoir reçu son exécution avant toute poursuite de tiers créanciers sur le gage. Ainsi, un debiteur qui a droit, dans une succession ouverte et dont il est un des co-héritiers, à une part des créances composant l'actif de cette succession, donne en gage à son créancier cette part de créances. Or, si ce créancier ne signifie le nantissement qui lui a été consenti qu'après l'opposition au partage qui viendrait à être faite, la signification sera faite trop tard, car l'opposition au partage rend indisponible au profit des opposants la part de créances qu'on avait engagée. On a jugé qu'il en serait encore de même si cette signification n'avait eu lieu qu'après une demande en liquidation et partage des biens héréditaires qui serait formée par un autre créancier du débiteur. Cette demande de partage que les créanciers d'un cohéritier peuvent introduire, conformément au principe de l'art. 882, a pour effet de rendre indisponible la succession tout entière et de consacrer ce droit qui leur est accordé par 882.

Il va de soi que les effets produits par une saisie-arrêt résulteraient à plus forte raison d'un jugement déclaratif de faillite, lequel, dessaisissant le failli de l'administration de tous ses biens pour les placer sous la main de ses créanciers, rend également nulles toutes les causes de préférence qui pourraient se produire à partir de ce moment. Le sort des créanciers se trouve alors fixé d'une façon irrévocable ; l'inscription des priviléges et hypothèques, acquis avant le jugement déclaratif mais non encore inscrits, ne pourrait plus être utilement prise après ce jugement, selon l'art. 448 1° du Code de commerce. Il en serait de même de la signification faite à cette époque au cédé par le créancier gagiste, bien que la constitution du gage fût antérieure au jugement. Jusqu'ici nous ne rencontrons pas de difficulté, mais pour être complets, nous devons nous occuper des effets de la faillite pour le temps antérieur au jugement qui la déclare. Nous savons que le tribunal peut reconnaître que la cessation des payements, en d'autres termes que la faillite, constatée par lui, par exemple, le 9 mai 1874, existait déjà depuis un certain temps, qu'elle remontait au 9 mai 1873,. Or, c'est le sort de la signification faite par le créancier gagiste depuis ce jour, 9 mai 1873, et même dans les dix jours qui ont précédé cette époque, jusqu'au 9 mai 1874, où le jugement déclaratif est rendu, qu'il s'agit de régler maintenant, en supposant d'ailleurs que toutes les autres formalités nécessaires à la constitution du gage de la créance, ont été accomplies avant cette époque du 9 mai 1873 ou les dix jours qui l'ont précédée. Cette cessation de payements donne-t-elle aux créanciers du failli les mêmes droits que leur donnerait une saisie-arrêt, et par conséquent la signification faite dans cet intervalle de temps, est-elle pour eux nulle et non-avenue? MM. Troplong (1), Massé soutiennent l'affirmative en invoquant une assimilation, laquelle selon nous n'existe pas, entre la cessation des payements et la faillite. Qu'est-ce que la faillite? dit M. Troplong, c'est la cessation des payements; et la cessation de payements est indépendante du jugement de déclaration de faillité, de telle sorte qu'elle peut être de beaucoup antérieure à ce jugement. » L'état de faillite est donc l'état de cessation de payements, comme le dit l'art. 437 du Code de commerce; les juges constatent un état préexistant, ils ne le créent pas. Or, dès qu'il y a faillite, nous avons dit qu'il y avait une sorte de saisie-arrêt générale sur les biens du débiteur; donc, la signification postérieure à l'époque considérée par le tribunal comme étant celle à laquelle remonte la faillite, est intempestive et sans effets. Jusqu'à ce

(1) Troplong, n°s 274 et suiv. — Montpellier, 13 janvier 1845 (S. V. 45, 2, 403).

que la signification soit faite, ajoute-t-on dans ce système, le nantissement est incomplet ou plutôt il n'a pas d'existence légale, et l'on ne saurait comparer cette signification, formalité substantielle et constitutive du gage, à l'inscription d'une hypothèque, et tirer argument de 448 du Code de commerce; en effet, avant cette inscription, il existe déjà une hypothèque conférée, un droit acquis qu'il ne s'agit plus que de rendre public par l'accomplissement d'une formalité en dehors de l'acte. Or, l'art. 446 du Code de commerce ne déclare-t-il pas nuls tous droits d'antichrèse ou de nantissement constitués depuis la cessation des payements pour dettes antérieurement contractées? Et ici la signification n'est pas autre chose qu'un des modes de constitution du nantissement, que sa constitution elle-même.

Tels sont les arguments que nous allons essayer de réfuter, pour faire tenir comme valable la signification effectuée après l'époque indiquée comme étant celle de la cessation des payements ou dans les dix jours qui l'ont précédée.

Le principal fondement de la théorie de nos adversaires repose sur une confusion évidente qu'ils font entre la faillite et l'époque de cessation de payements qui la précède. Or, l'art. 443 du Code de comm., qui ne fait remonter le dessaisissement pour le failli, de l'administration de ses biens, qu'au jour du jugement déclaratif, nous prouve, qu'avant ce jugement, l'état de faillite n'existe en

quelque sorte que virtuellement, et que les effets
spéciaux résultant de cet état, n'existent pas encore. Ce qui prouve que la cessation de payements
ne saurait être assimilée à la faillite, déclarée, c'est
que, depuis cette époque de cessation de payements, le failli a pu conférer très-vablement de
nouveaux droits à certains créanciers, tels par
exemple qu'un droit de gage, pourvu que, d'après
l'art. 447 du Code de comm., ce droit ait été créé
en même temps qu'une dette contractée depuis
cette cessation de payements. Or, si cette cessation de payements équivalait à la faillite, ces
droits dont nous parlons seraient absolument
nuls, tandis que l'art. 447 nous dit qu'ils pourront
simplement être annulés si, de la part de ceux qui
ont traité avec le débiteur, il y avait eu connaissance de la cessation de ses payements. Les droits
acquis de bonne foi, même à cette époque, le sont
donc d'une façon incontestable ; le législateur, dans
l'art. 447 ne devait et ne pouvait frapper de nullité
que les actes frauduleux. Le jugement déclaratif
seul prononce et opère le dessaisissement ; jusque-
là, le failli reste saisi de fait et de droit de l'administration de ses biens ; aucune incapacité proprement dite ne l'empêche de disposer, comme le déclare lui-même M. Massé. Pourquoi donc, en cet
état de choses, le nantissement consenti avant la
cessation des payements, ne pourrait-il se compléter après, au moyen de la signification faite dans
cette dernière période, lorsque nous admettons bien

qu'il peut, dans cette même période, être complétement constitué, alors qu'il s'agit de garantir une dette concomitante à cette constitution. La loi elle-même, dans l'art. 448 du Code de comm., n'admet-elle pas que l'inscription d'une hypothèque ou d'un privilége valablement acquis, pourra être prise pendant cette période de cessation de payements et jusqu'à la déclaration de faillite? Pourquoi en serait-il autrement de la signification d'un contrat de nantissement?

La théorie que nous combattons tire aussi un argument capital de la disposition de l'art. 446 du Code de commerce; selon cet article, est nul et sans effet, relativement à la masse, tout nantissement constitué sur les biens du débiteur depuis la cessation de payements, *pour dettes antérieurement contractées.* Mais il est bien évident qu'il ne s'agit ici que du gage qui serait accordé comme garantie d'une dette qui aurait pris naissance avant l'époque de la cessation des payements. Il y a là, en effet, une fraude manifeste; il ne saurait échapper à personne que celui qui consent tout d'abord à rester créancier pur et simple et qui, venant plus tard à se raviser, obtient de son débiteur une sûreté quelconque, nuit à la masse des créanciers de ce débiteur, lorsqu'il a obtenu cette sûreté à une époque où son débiteur, d'après la constatation du tribunal, était déjà complétement insolvable. Mais ici, rien de tel; l'art. 446 du Code de commerce ne saurait s'appliquer; le nantissement dont il est question a été constitué à l'époque même où la dette a pris naissance ; dette et nantissement se sont formés en même temps et avant la cessation des payements. Ce qui a eu lieu après, c'est la signification seulement, et cette signification, nous ne pouvons que l'assimiler à la formalité de l'inscription en matière d'hypothèque, inscription que l'art. 448 du Code de commerce ne déclare pas nulle de plein droit, mais seulement annulable. Nous pensons donc que la signification qui n'a été faite qu'après la cessation de payements ou les dix jours précédant, ne saurait tomber sous le coup de l'art. 446, lequel prévoit une tout autre hypothèse, mais qu'elle doit être régie d'après le principe de l'art. 447, et que, par conséquent, les créanciers du failli ne pourront en neutraliser les effets qu'en établissant la fraude survenue entre ce débiteur failli et le créancier gagiste. Nous tenons donc pour valable la signification, faite par le créancier pendant la période de cessation de payements ou les dix jours précédant, du nantissement antérieurement constitué.

Il y a des créances auxquelles la disposition de l'art. 1690 n'est pas applicable quand il s'agit de les céder ; que faut-il décider lorsqu'on voudra les donner en gage ? Ainsi, c'est une lettre de change ou un billet à ordre dont la cession s'opère par la voie de l'endossement. Quand il s'agit du gage commercial dont nous nous occuperons ultérieurement, l'art. 91 du Code de commerce décide que ces valeurs sont régulièrement engagées au moyen d'un endossement constatant qu'elles sont données en garantie. En est-il de même quand elles doivent faire l'objet d'un nantissement civil? Nous ne le pensons pas; nous croyons que, dans tous les cas, indépendamment de l'endossement, la mise en gage d'une créance, représentée par une lettre de change ou un billet à ordre, devra être constatée, en matière civile, par un acte authentique ou sous seing-privé enregistré; qu'il faudra observer l'article 2074. Mais, quant à la signification exigée par l'art. 2075, elle sera inutile et l'endossement la remplacera. L'endossement et la constatation du contrat par acte authentique ou sous seing-privé enregistré, seront donc les seules formalités de rigueur pour le nantissement civil de la lettre de change ou du billet à ordre.

La question s'est aussi élevée pour les titres au porteur et a fait naître deux opinions opposées. D'après l'une, la mise en gage du titre au porteur s'opérerait régulièrement par la simple tradition du titre ; les dispositions des art. 2074 et 2075 ne ne seraient donc pas applicables. Cette opinion qui se fonde sur ce qu'il ne s'agit pas ici du gage d'un bien corporel, ne saurait être admise selon nous, bien qu'elle ait été consacrée par plusieurs arrêts de la jurisprudence, notamment par la Cour de Paris. La raison qu'on invoque nous semble être une erreur manifeste, car au fond elle revient à dire : il ne faut pas exiger plus pour la mise en gage d'un titre au porteur que pour la transmission de ce titre. Or, si l'on admet que la transmission d'un titre au porteur s'opère ainsi, par simple tradition, c'est parce qu'on compare sous ce rapport, le titre au porteur à un meuble corporel. Donc, ce titre au porteur ainsi assimilé à un meuble corporel ne doit pouvoir être mis en gage que comme les meubles corporels eux-mêmes, c'est-à-dire par la tradition accompagnée d'un acte ayant date certaine, conformément à l'art. 2074.

La Cour de Cassation a consacré une seconde opinion, complétement opposée à la précédente, et que nous ne pouvons accepter davantage ; d'après elle, la mise en gage d'un titre au porteur exigerait outre l'application de l'art. 2074 celle de l'art. 2075, c'est-à-dire signification de cette remise au débiteur. S'il était question d'un nantissement commercial, il serait certain que depuis la loi de 1863, les titre au porteur sont engagés exactement de la même manière que les meubles corporels. Nous pensons qu'en matière civile, il ne sera pas besoin non plus de signification adressée au débiteur cédé ; les titres au porteur échappent à 1690 quand on les cède, la même raison doit les soustraire à l'article 2075 quand on les donne en gage.

Quand il s'agit de titres à ordre ou au porteur et que nous sommes en matière civile, l'acte écrit prescrit par 2074 sera donc toujours nécessaire, mais la signification de 2075 sera remplacée dans le premier cas par l'endossement, dans l'autre par la remise du titre.

SECTION IV

EFFETS DE LA CONSTITUTION DE GAGE

Une fois constitué, le nantissement fait naître, entre les parties, des rapports obligatoires qui sanctionnent et déterminent les droits de l'une et de l'autre, et vis-à-vis des tiers, des avantages qui permettent au créancier gagiste d'atteindre le but qu'il s'était proposé en contractant. Examinons donc successivement les effets produits par le gage entre les parties, puis ceux qu'il fait naître à l'égard des tiers.

Le créancier, avons-nous dit, doit détenir l'objet qui forme sa sûreté, il doit de plus le conserver puisque c'est sur cette détention effective que se trouve basé son privilége. Mais, comme le but poursuivi, n'exige pas qu'il ait sur la chose engagée un droit de propriété dont les conséquences auraient pu être nuisibles aux intérêts du débiteur, le Code civil, en parfaite concordance d'idées avec le droit romain, ne devait attribuer au créancier que la possession de son gage. Il était de plus nécessaire d'imprimer à cette possession elle-même le caractère qui devait le mieux convenir aux intérêts réciproques et opposés des parties, et c'est ce qu'a fait l'art. 2079 en disposant que jusqu'à l'expropriation du débiteur, le gage n'est dans la main du créancier qu'un dépôt assurant le privilége de celui-ci. La situation du créancier gagiste n'est donc que celle d'un dépositaire ; le législateur, en précisant cette situation a donc implicitement déterminé les rapports juridiques qu'elle établit entre lui et son débiteur, rapports dont la sanction se trouve garantie par des actions que le droit romain désignait spécialement sous le nom. d'actions *pigneratitiæ directa et contraria.*

Simple dépositaire, le créancier conformément à l'art. 1930, ne peut donc faire usage de la chose engagée sans la permission expresse ou présumée du débiteur. Le but du contrat de nantissement n'est en effet que de procurer une sûreté au créancier et rien de plus ; il ne lui serait donc pas permis de retirer, en la louant, certains avantages de la chose engagée. Si toutefois cette chose était productive de sa nature, telle qu'une créance qui produit des intérêts, l'art. 2081-1° décide que le gagiste imputera ces intérêts sur ceux pouvant lui être dus ou sur le capital de la dette, s'il ne lui est pas dû d'intérêts.

Par le même motif, le créancier ne pourrait aliéner le gage, sauf cependant l'application de l'article 2279 au profit des tiers de bonne foi. Il ne pourrait non plus le prescrire puisqu'il n'est qu'un détenteur précaire, soumis par conséquent aux rè-

gles qui régissent la possession précaire en matière
de prescription.

L'action pignératitienne que les Romains nommaient *directa* ne permet pas seulement au débiteur d'exiger du créancier désintéressé la restitution de son gage, elle l'autorise de plus à enlever la
possession de ce gage au créancier, même avant
tout payement, si celui-ci en abuse, ou en tire une
jouissance quelconque contraire au but du nantissement. Nous avons dit qu'il ne pouvait en faire
usage, qu'il ne pouvait ni le louer, ni le vendre ; il
pourrait cependant engager à son propre créancier
le gage qu'il a reçu et nous serons alors en présence
du *sub pignus*, contrat dont nous avons indiqué plus
haut les conditions d'existence. Ainsi donc tout
usage de la chose engagée est illicite, à moins, bien
entendu, qu'une autorisation expresse n'ait été accordée au créancier ; l'art. 2081 ne pose pas d'exception à ce principe car l'autorisation du débiteur
y est présumée, et cette présomption résulte de la
force même des choses. Il est tout naturel en effet
de supposer que le créancier, détenteur du titre de
la créance engagée, aura pour en toucher les intérêts, une facilité qui manquerait au débiteur ; il
était de plus conforme à l'intention des parties, de
faire toucher ces intérêts par le créancier pour qu'il
les impute sur ceux produits par sa propre créance
et à défaut d'intérêts sur le capital.

Cette action pignératitienne servirait encore au
débiteur pour exiger des dommages et intérêts si le

gage avait péri ou s'il avait été détérioré par la faute
du créancier. Tenu de sa restitution, le créancier
l'est aussi de sa conservation; l'obligation de la fin
renferme en effet celle des moyens nécessaires pour
y parvenir, comme le dit Pothier. Voyons à présent
dans quelles mesures, dans quelles limites ·cette
seconde obligation lui est imposée? Au premier
abord, il semble que la disposition de l'art. 2079,
assimilant à celle du dépositaire la situation du
créancier gagiste, ait déterminé en même temps la
nature des soins que le créancier doit à la chose engagée, et qu'il suffise, pour les connaître, de se référer à l'art. 1927; or, d'après cet article, le dépositaire doit apporter dans la garde de la chose déposée le même soin que dans celle de ses propres affaires. C'est en s'attachant exclusivement au texte
de l'art. 2079 que M. Zachariæ a pu soutenir cette
opinion complètement opposée à la nature des
choses et à la situation respective des parties contractantes. Que le dépositaire ne soit tenu de donner aux objets à lui confiés que les soins qu'il donne
à ses propres affaires, rien de plus naturel! il n'a
aucun intérêt personnel à la conservation de ces
objets , il les garde dans un but éminemment
louable et désintéressé, il serait donc trop dur et
partant bien injuste d'exiger de lui une vigilance
qu'il n'apporte même pas pour son propre compte.
La position du créancier gagiste est-elle la même?
assurément non, car si en conservant le gage, il le
fait dans l'intérêt du débiteur, c'est aussi dans son

propre intérêt, puisqu'il sauvegarde aussi la sûreté qui garantissait sa créance. Comme l'a très-bien fait observer M. Gary, dans son discours au corps législatif, « le contrat ordinaire de dépôt est tout à l'avantage du propriétaire tandis qu'ici c'est un contrat intéressé ou utile à toutes les parties : utile au créancier auquel il offre une sûreté et au débiteur auquel il donne un crédit qu'il n'aurait pas eu sans cela. » Il était donc équitable d'imposer au créancier-gagiste une responsabilité plus grande que celle d'un simple dépositaire. C'est ce qu'a fait l'art. 2080 quand il dispose que le gagiste répond de la perte ou détérioration du gage survenue par sa négligence selon les règles établies au titre des contrats ou des obligations conventionnelles en général; or ces règles, l'art. 1137 nous les fait connaître quand il décide que l'obligation de veiller à la conservation de la chose, oblige celui qui en est chargé à y apporter tous les soins d'un bon père de famille, et que cette obligation est plus ou moins étendue relativement à certains contrats dont les effets, à cet égard, sont expliqués sous les titres qui les concernent. Les soins qu'un bon père de famille apporte à ses propres affaires, tel est le critérium de la diligence imposée au gagiste. Cette diligence du bon père de famille est elle-même plus ou moins étendue dans les divers contrats, comme le fait observer en terminant cet art. 1137. Si en effet, dans le contrat de dépôt, où l'intérêt du déposant est seul en jeu, elle doit être entendue de la façon la plus restreinte et

assimilée seulement à la diligence que le dépositaire
apporte dans la conservation de ses propres affaires,
il va de soi que le commodataire, par exemple, qui
emprunte dans son intérêt personnel et exclusif,
sera tenu de veiller sur la chose par lui empruntée,
d'une façon bien plus rigoureuse que le dépositaire,
plus rigoureuse même que le créancier-gagiste.

Ainsi donc, dans le gage où les deux parties cher-
chent leur intérêt réciproque, la responsabilité du
créancier par rapport à la chose engagée, sera plus
grande sans doute que celle du dépositaire, mais
elle sera certainement moindre que celle du commodataire; nous croyons en un mot que cette responsabilité devra être identique à celle d'un dépositaire ou d'un mandataire salariés.

Il résulte des principes généraux posés au titre
des obligations conventionnelles et auxquels l'article 2030 nous renvoie, que le gagiste ne saurait
en aucune façon être rendu responsable de la perte
ou des détériorations survenues par cas fortuit ou
force majeure. Mais, comme le dit Pothier, il ne lui
suffit pas, pour être déchargé de son obligation,
d'alléguer que la chose est perdue, il faut qu'il prouve
l'accident qui a causé cette perte et qu'il établisse
qu'il n'a pu l'empêcher.

Telles sont les obligations qui incombent au
créancier; mais il peut, à son tour, par la voie d'une
action pigneratitienne contraire, agir contre le débiteur pour se faire indemniser, comme le dit la
seconde partie de l'art. 2030, des dépenses utiles, et

nécessaires qu'il a faites pour la conservation du gage. Cette action contraire, ainsi nommée parce qu'au lieu d'être la conséquence directe et immédiate du contrat de gage, elle ne se produit qu'accidentellement et après coup, permettra au créancier de se faire rembourser toutes les dépenses nécessaires qu'il aura faites, c'est-à-dire celles sans lesquelles le gage eut fatalement péri ou éprouvé une notable diminution; cette action appartiendra au créancier malgré la perte ultérieure de l'objet engagé, car en faisant ces dépenses, le créancier n'a été pour ainsi dire que le mandataire de son débiteur.

Quant aux dépenses simplement utiles et que l'art. 2080 place sur la même ligne que les précédentes, il nous semble que la pensée du législateur qui s'est inspiré du droit romain et de l'ancienne législation française, n'a pas du être de les traiter de la même manière. Comme l'avait très-exactement fait observer Ulpien, à propos d'un esclave auquel le créancier gagiste avait fait apprendre un métier, si le créancier ne doit pas perdre de vue l'entretien et la conservation du gage, il doit également se garder de faire, même dans ce but, des dépenses telles que le recouvrement en puisse devenir onéreux ou impossible au débiteur. C'est ce que nous dit non moins judicieusement Pothier dans son n° 61 du contrat de nantissement : « le débiteur ne doit pas toujours être obligé de rembourser les dépenses non nécessaires mais seulement utiles faites sans son consentement, si elles sont si considérables qu'il soit dans la nécessité de vendre son bien ou de s'endetter pour pouvoir les rembourser. Au contraire, peut-il facilement les rembourser, il devra le faire jusqu'à concurrence du profit qu'il en retire. » Le débiteur n'aura donc à payer au créancier, en cas de dépenses utiles, que la plus value qui en est résultée; ajoutons que si cette plus value était supérieure à la dépense, il n'aurait à rembourser que cette dépense. Toutes ces distinctions doivent d'ailleurs être réservés à la prudence des tribunaux, et si l'article 2080 ne les a pas reproduites, il ne s'ensuit pas qu'elles ne devront pas être faites par l'interprète judicieux du texte de la loi.

Nous avons dit que l'art. 2081 s'inspirant de l'intérêt bien entendu des parties, permettait au créancier qui a reçu une créance en gage, d'en percevoir les intérêts pour les imputer conformément aux prescriptions de cet article. En pourrait-il aussi percevoir le capital si cette créance arrivait à échéance? nous le pensons; car il peut être indispensable de toucher à l'échéance pour ne pas laisser péricliter le droit lui-même. Toutefois, nous ne croyons pas qu'on doive aller jusqu'à dire que la mise en gage d'une créance, implique nécessairement le droit de la toucher quand elle est échue; nous pensons qu'un débiteur prudent devrait, avant de payer entre les mains du gagiste, se faire d'abord autoriser par justice.

Nous avons supposé jusqu'à présent que le créancier, ayant reçu ce qui lui était dû, avait restitué le gage à son propriétaire. Mais, ainsi que le décide l'art. 2082, ce dernier ne pourra en exiger la restitution qu'après avoir intégralement payé, tant en principal qu'intérêts et frais, la dette pour sûreté de laquelle le gage avait été donné; le gage étant indivisible, le droit du créancier subsiste intact aussi longtemps qu'une fraction, quelque minime qu'elle soit de la dette, continuera à rester due. D'ailleurs, le payement n'étant pas, on le sait, le seul mode d'extinction des obligations, il va de soi que les autres modes d'extinction énumérés dans l'art. 1234 qui viendraient à se produire, feraient logiquement cesser le droit de rétention établi au profit du créancier par l'art. 2082. Il importe ici de déterminer d'une façon précise la nature, les caractères et par suite la portée de ce droit de rétention établi par l'art. 2082 en faveur du créancier et qui existe pour lui indépendamment de son privilége. Certains auteurs déclarent simplement que ce droit de rétention n'est pas opposable aux autres créanciers du débiteur commun : « dans le cas spécial du nantissement mobilier, dit M. Pont (1), le droit de rétention conféré au gagiste est purement personnel et n'a d'action ou d'effet que dans les rapports du créancier au débiteur. » Dans cette doctrine, il est logique de décider que le droit de rétention laisse

---

(1) Pont, *du Nantissement*, n° 1181.

aux autres créanciers du débiteur la faculté de saisir la chose engagée et de la faire vendre, sans tenir compte de la possession du gâgiste et *sans avoir à le désintéresser* (1). Le droit du créancier se bornera donc, s'il y a lieu, à exercer son privilège sur le prix.

Nous ne pouvons admettre cette opinion, et nous allons essayer de démontrer que le droit de rétention est parfaitement opposable aux autres créanciers du débiteur commun. Est-ce à dire que ces autres créanciers ne pourraient faire saisir et vendre le gage sans l'agrément du gagiste ? non ; mais le droit de rétention permettra à ce dernier, en se démettant du gage entre les mains de l'adjudicataire ou d'un tiers, d'exiger, au préalable, le paiement de ce qui lui est dû. Nous n'avons à nous occuper ici que du droit de rétention au point de vue spécial du nantissement mobilier, et non pas à rechercher les diverses circonstances dans lesquelles il peut se rencontrer en dehors du cas particulier qui nous occupe. Cette question intéressante a donné naissance à des systèmes nombreux et opposés sur lesquels nous n'avons nullement à nous prononcer. Disons seulement qu'en dehors des hypothèses prévues par les textes, nous considérons que le droit de rétention se trouve commandé dans beaucoup de cas par le principe qui résulte implicitement de l'art. 1184,

1) Troplong, nᵒˢ 458 à 461, *du Nantissement;* Aubry et Rau, t. 3, p. 518.

principe d'après lequel lorsqu'une partie n'exécute pas son engagement, elle ne peut exiger que l'autre exécute le sien. L'art. 2082 n'est autre chose qu'une des nombreuses applications de ce principe, auquel le droit de rétention vient servir de sanction. Chez les Romains cette sanction se présentait sous la forme d'une exception *doli mali* opposée au débiteur de mauvaise foi et dont l'extension sinon l'origine est due à la juridiction prétorienne. Cette forme pratique qu'affectait à Rome le droit de rétention avait pour conséquence qu'il ne pouvait être opposé qu'au débiteur. Malgré sa portée restreinte, l'exception de dol n'en présentait pas moins une utilité sérieuse au créancier : elle suppléait pour lui à l'absence d'action, et avait aussi pour effet de simplifier la procédure. Ces divers avantages n'ont plus leur application aujourd'hui, et le droit de rétention ne saurait remplacer le défaut d'action. Cependant, ce droit que l'art. 2082 accorde au créancier gagiste, n'est-il aujourd'hui pas autre chose que l'*exceptio doli mali* des Romains, et par conséquent le droit de rétention actuel, comme l'*exceptio* romaine, n'a-t-il d'effet que dans les rapports de créancier à débiteur ? S'il en était toujours ainsi, ce *jus retentionis* occasionnerait à la vérité au débiteur une gêne laquelle, peut-être, pourrait l'amener à payer, mais dont l'efficacité serait trop discutable pour expliquer le maintien du droit de rétention dans le Code civil. Aussi, voyons-nous l'ancien droit français reconnaître déjà au droit de rétention un caractère de

réalité. *Jus retentionis est reale*, disait Dumoulin (1).
La doctrine ancienne était donc dans le sens de la
réalité; les textes du Code civil indiquent qu'il en
est toujours de même. En effet, le droit de rétention
que les art. 1612 et 1613 du Code civil attribuent au
vendeur non payé, s'il n'a pas accordé de terme, et
lors même qu'il en aurait accordé un, si depuis la
vente l'acheteur est tombé en faillite ou en déco
fiture, est, comme on le sait, opposable aux autres
créanciers du débiteur commun, aux créanciers de
l'acheteur. Or, ce qui est vrai dans cette hypothèse
l'est chaque fois que la loi a établi un droit de rétention. En effet, des tiers qui se présentent pour
réclamer la chose au lieu et place du débiteur ne
peuvent agir qu'en exerçant les droits de ce débiteur; or, ils ne peuvent exiger la restitution qu'en
faisant ce que le débiteur lui-même devrait faire
pour l'obtenir.

On nous objectera, il est vrai, l'argument tiré du
texte de l'art. 2094 d'après lequel il ne saurait y
avoir entre les créanciers d'autres causes de préférence que celles résultant des priviléges et hypothèques; mais nous ferons observer que l'art. 2094 ne
s'occupe que de la distribution du prix entre les
créanciers, tandis que le droit de rétention ne constitue pas un privilége sur la distribution du prix;
notre système n'atteint donc pas la disposition de

____

(1) Dumoulin, sur la *Cout. de Paris*, tit. XI, art. 138, n⁰ˢ 16 et 17.

l'article 2094. Enfin, comme l'a si justement fait observer M. Glasson (1), il est parlé, dans le Code civil, d'une manière générale du droit de rétention et sans distinction, quant à ses effets, entre le débiteur et les tiers; tels sont les art. 867, 1948, 2082. Or : *ubi lex non distinguit nec nos distinguere debemus.*

Aussi pensons-nous qu'il y a lieu de décider que le droit conféré au créancier gagiste par l'art. 2082, pris isolément et abstraction faite du privilége que l'observation des art. 2074 et 2075 aura pu faire acquérir à ce créancier, ne doit pas, à la vérité, être considéré comme faisant obstacle à la saisie de la chose engagée de la part des autres créanciers du débiteur commun, seulement, quand la saisie sera pratiquée, le créancier rétenteur ne sera pas forcé de se dessaisir entre les mains de l'adjudicataire, tant qu'il ne sera pas désintéressé. S'il en était autrement, nous ne saurions vraiment pas quel genre d'avantage pourrait offrir à un créancier le droit de rétention et pour quel motif il aurait été maintenu par le Code civil.

A la vérité, la réalité du droit de rétention même entendue de la sorte, attribuera au créancier, bien qu'indirectement, un droit de préférence; alors, nous objectera-t-on, à quoi bon pour le gagiste le droit de préférence, le privilége que lui procure l'observation des formalités de publicité? C'est que ce privilége du créancier gagiste existera dans tous les cas, c'est qu'il pourra le faire valoir n'importe comment le gage aura été vendu, qu'il l'ait été sur sa poursuite ou bien sur celle des autres créanciers, ou bien encore sur celle du débiteur. Le droit de préférence résultant au contraire du droit de rétention et qui l'autorise simplement à ne se dessaisir que quand il sera intégralement payé, n'existe que quand le gage est vendu par le débiteur ou par les autres créanciers; est-ce au contraire le gagiste qni en poursuit la vente? Ou bien encore consent-il, sans condition, à ce que les autres intéressés la poursuivent? Son droit de rétention, auquel il a bénévolement renoncé, disparaît, et il ne pourra plus se faire payer qu'au mârc le franc, s'il n'a pas d'autre cause de préférence.

Ce droit de rétention du créancier gagiste a, dans la seconde partie de l'art. 2082 une portée fort remarquable et sur laquelle il n'est pas inutile d'insister. Ce second alinéa de notre article suppose l'espèce suivante : Primus emprunte à Secundus, le 1er janvier janvier 1860, une somme de mille francs dont le remboursement fixé au 31 décembre 1861 est garanti par un gage. Le 15 mai 1860, Primus fait un nouvel emprunt d'une même somme, remboursable le 15 mai 1861, et pour lequel le prêteur Secundus ne stipule aucune garantie. Or, bien que le nantissement n'ait été constitué qu'en vue du premier emprunt, l'art. 2082-2° dispose que le second emprunt contracté par Primus sera également garanti par le gage conféré pour sûreté du premier.

Pour qu'il en soit ainsi, il faut donc qu'il existe, de la part du même débiteur envers le même créancier, une autre dette contractée postérieurement à la mise en gage et devenue exigible avant le payement de la première dette. Ainsi que le fait observer M. Berlier : « la disposition de l'art. 2082-2° n'est pas introductive d'un droit nouveau, elle n'est que la reproduction de la loi romaine. » Cette loi est la loi *unic. C. Etiam ob chirog. pec. pign. teneri*, dont nous avons eu précédemment à nous occuper et dont nous avons essayé de faire ressortir toute l'importance. Mais, bien que la disposition du second alinéa de l'art. 2082 soit enpruntée à la Constitution de l'empereur Gordien, elle diffère de cette constitution à certains points de vue qui ont notablement restreint son application. La constitution *etiam ob chirog. pecun.* a sans doute inspiré l'art. 2082, mais elle a subi, en y passant, d'importantes modifications. Nous savons que d'après la loi romaine, pour que ce *jus retentionis* pût exister, il suffisait qu'il y eût une autre dette, quelle que fût l'époque de sa naissance, quelle que fût sa cause où l'époque de son exigibilité. Aujourd'hui, au contraire, il faut que la dette non garantie soit née après la première, soit exigible avant. Pourquoi cette différence, cette restriction à l'application du principe posé dans la loi romaine? C'est que les deux législations, l'une en consacrant ce principe, l'autre en le reproduisant, se sont placées à deux points de vue bien différents. Tandis que la première, en permettant au créancier de repousser l'action du débiteur par l'*exceptio doli mali*, se fondait uniquement sur un motif d'équité, la seconde en étendant, comme on le voit, l'effet du contrat de gage à une autre créance, a légalement suppléé à l'intention présumée des parties. L'exposé des motifs ne laisse aucun doute à ce sujet ; « le créancier a déjà pris un gage pour la première dette, dit Berlier ; s'il n'en demande pas pour une seconde qui devra être acquittée ou avant la première ou en même temps qu'elle, ce sera indubitablement parce qu'il aura considéré le gage dont il est déjà saisi comme suffisant pour répondre de l'une et de l'autre dette. »

La diversité des motifs explique suffisamment la diversité des applications. Il faut, avons-nous dit, que la seconde dette soit contractée postérieurement à la mise en gage ; cela se comprend, car si elle était antérieure, il serait évident que le créancier, en prêtant son argent à cette époque, avait alors suivi la foi de son débiteur. Il faut, de plus, que la seconde dette devienne exigible avant la première, car en en rapprochant ainsi l'échéance, le créancier a suffisamment prouvé qu'il n'avait en son débiteur qu'une confiance modérée et qu'il n'a consenti à lui prêter une nouvelle somme que parce qu'elle serait garantie comme la première. L'intention présumée des parties est donc la seule raison du nantissement tacite dont il s'agit ; aussi faut-il admettre que la disposition de l'article 2082-2ᵉ serait également applicable alors même que la seconde dette, au lieu de devenir exigible avant la première, comme le veut la loi, le serait en même temps. En effet, dans un cas comme dans l'autre, il y a même raison de supposer que telle a été l'intention des parties, même raison, par conséquent, de décider que l'extension tacite du gage devra également se produire. Cette opinion, d'ailleurs, est parfaitement conforme à la pensée du législateur, telle qu'elle se révèle dans l'exposé des motifs.

Que faut-il décider pour le cas où la seconde dette n'étant exigible qu'après l'échéance de la première, le serait cependant avant que celle-ci ne fût payée? Le débiteur aura-t-il le droit, en acquittant sa première dette seulement, d'exiger que le gage lui soit restitué; la seconde dette par conséquent ne sera-t-elle pas garantie par le gage tacite? Beaucoup d'auteurs (1) se basant sur les termes rigoureux de l'article 2082 « et devenue exigible avant le payement de la première dette », invoquant en outre des considérations d'équité, n'hésitent pas à déclarer que la disposition de notre article protége également la seconde créance, bien qu'elle ne soit exigible qu'après la première, parce qu'au moment où elle est échue cette première n'était pas encore payée.

(1) Duranton, nº 548; Aubry et Rau, t. 3, p. 518.

La décision contraire, ajoute-t-on, favorable en apparence à l'emprunteur auquel elle permettrait de retirer son gage, se retournerait cependant contre lui car elle engagerait le prêteur à lui faire des conditions plus rigoureuses, à abréger le terme qu'il avait indiqué pour le payement de cette seconde créance. De telles considérations, sérieuses sans doute, ne nous paraissent cependant pas concluantes; elles méconnaissent en effet les motifs complétement nouveaux qui ont inspiré les rédacteurs du Code civil lorsqu'ils ont reproduit la constitution de Gordien; elles tendent en un mot à substituer aux motifs véritables et qui sont, nous le savons, l'intention présumée des parties, les motifs du législateur romain uniquement basés sur l'équité. Or, lorsque je prête une somme en exigeant qu'il me soit délivré un gage, il est bien certain que je n'ai nullement entendu entourer de la même garantie un autre prêt ultérieurement consenti à la même personne, avec stipulation que ce second prêt ne me serait remboursé qu'après le premier, Je manifeste clairement par là la confiance que m'inspire actuellement un débiteur qui, dans le principe, ne m'était sans doute qu'imparfaitement connu, Quant à l'argument tiré des termes de l'art, 2082, rien ne nous autorise à croire avec certitude que le législateur par ces mots : *avant le payement de la première dette*, n'a pas entendu simplement dire : *avant l'échéance de la première dette*. Payement et échéance peuvent ici d'autant plus facilement se confondre que, lorsqu'il s'agit spécialement d'une créance garantie par un gage, ce sera presque toujours le jour de l'échéance que le payement sera exécuté.

Pour que le nantissement tacite de l'art. 2082 se produise, il faut non-seulement que la seconde dette soit contractée par le même débiteur envers le même créancier, mais de plus que le gage n'ait pas été fourni par un tiers suivant l'observation de MM. Aubry et Rau. La disposition de 2082-2° ne s'appliquerait pas davantage si la seconde créance, tout en remplissant les conditions requises, provenait d'achat ou de succession. Dans ces divers cas en effet, on ne peut pas supposer que le débiteur ait tacitement consenti à ce que le gage garantissant la première créance s'étende à celle que son créancier vient d'acquérir contre lui. L'intention présumée et probable das parties doit nous diriger dans la solution de ces questions; et si, dans certains cas, la décision romaine était différente, c'est que différent aussi était le point de vue auquel on s'était placé.

Cette seconde créance sera-t-elle garantie par l'article 2082-2° de la même manière que la première, ou bien le droit du créancier se bornera-t-il, pour cette seconde créance, à un simple *jus retentionis?* S'agit-il, en un mot, dans 2082-2° d'un véritable droit de gage ou d'un simple droit de rétention? Nous pensons, avec la majorité des auteurs, qu'il n'est question ici que d'un simple droit de rétention opposable du reste aux tiers en ce sens que ceux-ci ne pourraient poursuivre la vente du gage sans désintéresser d'abord le rétenteur. A l'appui de notre opinion nous pouvons d'abord faire observer que telle était déjà la décision romaine; c'est ce qui explique d'ailleurs pourquoi le droit qui résulte de 2082-2° est subordonné à ceci que l'échéance de la seconde dette ait lieu avant le payement de la première; si la première dette était en effet payée avant l'échéance de la seconde, le créancier n'aurait plus aucun titre, aucune raison de conserver le gage. « 2082-2° ne donne qu'un droit de rétention, disent MM. Aubry et Rau, cela résulte du contexte de l'article, de la place qu'il occupe, de sa combinaison avec 2074. » L'adoption d'une opinion différente semble en effet difficile devant les termes précis des articles 2074 et 2075 qui subordonnent absolument l'existence du privilége à l'observation des formalités qu'ils énumèrent.

L'opinion adverse émise par M. Mourlon (1), et à laquelle M. Pont est venu prêter l'appui de son autorité, trouve dans les derniers mots de l'article 2082-2° la consécration d'un véritable privilége : « le créancier ne pourra être tenu de se dessaisir du gage avant d'être entièrement payé de l'une et de l'autre dette, *lors même qu'il n'y aurait eu aucune stipulation pour affecter le gage au payement*

(1) Mourlon (*Exam. crit., du comment., de M. Troplong*, n° 227); Pont, *du Nantissement*, n° 1199.

de la seconde. Ainsi donc, dit-on, la loi suppose qu'il y a entre les parties une convention tacite à l'effet d'affecter le gage au payement de la seconde dette, comme il était affecté, en vertu d'une convention expresse, au payement de la première. Or, la convention expresse contenant un privilége, la convention tacite doit implicitement en supposer un.

Nous ne pouvons que répondre à ce raisonnement que c'est précisément là ce qu'il s'agit de démontrer. Rien ne prouve en effet que l'affectation tacite du gage au payement de la seconde dette soit aussi étendue que l'affectation expresse au payement de la première. Les termes de notre article laissent cette question complétement indécise ; aussi, dans le doute, est-il plus sûr de s'en tenir aux précédents et aux principes généraux qui régissent la matière.

Nous savons qu'en droit romain la clause prohibant la vente du gage était réputée non écrite, et qu'elle ne produisait d'autre effet que celui d'obliger le créancier à faire au débiteur trois sommations au lieu d'une. C'est ce précédent qu'invoquent aujourd'hui ceux qui pensent qu'une semblable clause, éminemment favorable au débiteur, doit encore être considérée comme non avenue. Quant à nous, nous ne voyons rien d'illicite dans la stipulation d'un droit de rétention conventionnel, dans la clause qui réduirait les pouvoirs du créancier gagiste à l'exercice du droit qui lui est concédé dans l'art. 2082. Ce droit de gage incomplet ne dépasse en rien les limites que la loi et l'équité ont imposées à la liberté des conventions. C'est ainsi que le décidait déjà l'ancienne jurisprudence (1) ; et quant à l'objection tirée du principe que l'on ne peut créer des droits de préférence en dehors des cas prévus par la loi, nous y répondons en faisant observer que puisqu'il est permis de stipuler un droit de gage complet, c'est-à-dire comprenant un privilége et un droit de rétention, il ne saurait être défendu d'en stipuler un incomplet, c'est-à-dire limité au droit de rétention.

Parmi les effets produits par le contrat de gage nous nous sommes particulièrement occupé jusqu'ici du droit de rétention, lequel, avons-nous dit, ne peut être invoqué contre les tiers que dans une certaine mesure, à certaines conditions, en aucun cas même, selon quelques auteurs. Mais, ce droit de retenir indéfiniment le gage, tant qu'il n'est pas payé, peut être d'un avantage contestable pour le créancier qui a compté qu'il recevrait une somme d'argent déterminée à une époque également déterminée. Aussi la loi, dans l'art. 2073, lui confère-t-elle, quand il n'est pas payé à l'échéance, le droit de faire vendre le gage et celui de se faire payer sur le prix par privilége et préférence aux autres créanciers. Ce droit si important et si opposé aux

____

(1) Molineus, *Tractatus contractuum et usurarum*, *quæst.*, 36, n° 278.

intérêts des autres créanciers du débiteur, ne peut être exercé que lorsqu'on a rempli les conditions de publicité énumérées par les art. 2074 et 2075.

A défaut de payement à l'échéance, le créancier ne peut donc disposer du gage, ni se l'approprier pour lui tenir lieu de la somme qui lui est due; l'art. 2078 ajoute que toute clause autorisant le créancier à devenir propriétaire du gage sans remplir les formalités qu'il énumère, sera nulle et de nul effet. Par là, le législateur moderne a consacré l'abolition du *pacte commissoire* laquelle n'avait été prononcée à Rome que par une Constitution de Constantin; jusqu'alors ce pacte était considéré comme une clause naturelle et licite du contrat de nantissement. Il est vraiment surprenant que les jurisconsultes romains, si sages et si prévoyants, aient été aussi longtemps sans chercher à prévenir les dangers auxquels une semblable convention exposait les débiteurs; l'emprunteur, cédant à une nécessité impérieuse, sera presque toujours disposé à accéder à de pareilles conditions, la valeur de la chose engagée fût-elle bien supérieure à celle de la somme empruntée. C'était, pour le cupide usurier, un moyen à peine déguisé de se procurer des intérêts énormes; aussi, notre ancien droit, comme aujourd'hui le Code civil, n'avait-il pas manqué de prohiber la *lex commissoria*. Toutefois, il est à remarquer que tandis que l'existence de ce pacte anéantissait à Rome le contrat de nantissement tout entier, aujourd'hui la *lex commissoria* est seule annulée. Il y a là, sans contredit, un progrès notable sur le droit romain, lequel, en voulant trop protéger le débiteur, portait, sans s'en douter, atteinte à ses intérêts. C'était en effet frapper le débiteur que d'anéantir du même coup les conventions de prêt et de nantissement qui avaient eu lieu, de le priver en conséquence des avantages que l'emprunt pouvait lui procurer.

Le pacte commissoire. stipulé en même temps que le contrat de nantissement reste donc sans effet ; nous ne comprenons vraiment pas les raisons que certains jurisconsultes et notamment Bartole ont pu invoquer pour décider que la *lex commissoria*, stipulée après coup, *ex intervallo*, était valable. Dans ce second cas, ont-ils dit, l'emprunteur possède son argent, le prêteur ne peut plus peser sur lui. A notre avis, rien n'est plus faux ; presque toujours le débiteur continuera à subir l'influence de son créancier; celui-ci, comme le fait observer M. Pont (1), voyant approcher le terme, ne manquera pas, pour obtenir le pacte lésionnaire qu'il désire, d'agir sur l'esprit de son débiteur en le menaçant d'user de son droit dans toute sa rigueur dès que le terme sera échu. D'ailleurs, si l'on ne tenait pas pour nulle la stipulation faite *ex intervallo* du pacte commissoire, rien ne serait plus facile que d'éluder la prohibition de l'art. 2078 *in fine* ; le

____

(1) Pont, *du Nantissement*, n° 1157.

créancier imposerait dès le lendemain à son débiteur ce qu'il n'a pu exiger de lui le jour du contrat, en ayant soin de fixer pour le remboursement un terme assez rapproché pour lui rendre ce remboursement très-difficile sinon impossible.

La protection dont la loi entoure le débiteur ne doit cependant pas être exagérée au point de rendre illicite tout contrat intervenu entre les parties, avant l'échéance de la dette, et qui aurait pour effet de faire passer sur la tête du créancier la propriété de la chose engagée. Ainsi, il ressort des discussions préparatoires que la vente, non plus conditionnelle comme dans le pacte commissoire, mais pure et simple de l'objet engagé et consentie par le débiteur, soit avant, soit après l'échéance de la dette, ne tombe pas sous le coup de la prohibition de 2078-2°. Sans doute, une telle vente et dans de telles conditions n'est pas sans offrir quelque danger, et il n'est pas téméraire de supposer que le débiteur, en pareil cas, ne sera pas complétement à l'abri des influences auxquelles le soumet sa position ; mais comme, après tout, la vente est ici actuelle et définitive et que le débiteur ne pourra que difficilement se faire illusion sur l'acte qu'il va consentir, il y a lieu de supposer qu'il résistera plus énergiquement à la domination du créancier que lorsqu'il ne s'agit que d'une aliénation conditionnelle comme celle qui résulte du pacte commissoire. Une protection bien entendue ne doit pas dégénérer en entraves au principe de la liberté des conventions.

Le pacte commissoire affectera souvent les apparences d'une vente à réméré, vente que le Code ne
prohibe pas mais qu'il tient à juste raison pour
suspecte; les juges auront alors à examiner si cette
vente ne cache pas, sous des apparences trompeu-
ses, un véritable pacte commissoire.

Ajoutons enfin que la convention d'après laquelle,
à défaut de payement à l'échéance, le gage serait
vendu au créancier pour un prix qui serait déterminé à ce moment, n'aurait rien d'illicite.

Maintenant que nous connaissans l'étendue de la
protection accordée par la loi aux intérêts du débiteur, il nous sera facile de déterminer les droits
qu'elle réserve au créancier pour obtenir son payement. « Ses droits, a dit Berlier dans l'exposé des
motifs, se borneront à faire ordonner en justice que
le gage lui restera pour sa valeur estimée par experts, ou bien qu'il sera vendu aux enchères. » L'article 2078 n'est que la reproduction littérale de ces
paroles de Berlier; le créancier choisira donc entre
l'appropriation du gage à titre de payement, jusqu'à
due concurrence et d'après une estimation faite par
experts, ou sa mise en vente aux enchères. Il résulte
très-clairement de l'art. 2078 que c'est au créancier
et au créancier seul qu'il appartient d'opter entre
ces deux moyens; son intérêt déterminera son choix
et sera le seul guide du parti auquel il croira devoir
s'arrêter. C'est pourquoi l'opinion du tribun Gary,
d'après laquelle « si le gage est d'une valeur si mo-
dique qu'elle doive être absorbée par les frais d'une

vente aux enchères, les juges devront se contenter d'ordonner l'estimation », nous semble peu fondée. Il est présumable en effet qu'en cas pareil le simple bon sens commandera au créancier de s'approprier le gage après une estimation préalablement faite, sans qu'il soit nécessaire pour cela d'une décision de justice.

M. Duranton (1) ne tient donc pas suffisamment compte des termes précis de l'art. 2078 quand il enseigne que c'est au tribunal qu'il appartient de choisir le parti le plus conforme aux intérêts du débiteur. Comme le fait remarquer M. Troplong, « ce n'est que lorsque le créancier soumet simultanément ces deux chefs au juge par forme d'alternative, que le tribunal a le droit de choisir l'un plutôt que l'autre ». Si le créancier ne conclut qu'à l'une de ces alternatives, le juge devra simplement faire droit à cette demande sans substituer l'une de ces alternatives à l'autre. La loi ne peut vouloir en effet qu'on devienne propriétaire malgré soi, qu'on attribue à un créancier qui comptait être payé en argent la propriété d'un objer encombrant ou difficile à conserver. L'intérêt du créancier, avons nous dit, est ici la seule règle ; rien ne porte à supposer que le tribunal sera meilleur juge de cet intérêt. Remarquons enfin que la justice que M. Duranton charge de défendre les intérêts du débiteur, ne saurait avoir, dans l'espèce, plus de droits que ce débiteur ; or,

____

(1) M. Duranton, t. 18, n° 536.

l'art. 2078 confère spécialement au créancier et non au débiteur l'option dont il s'agit. Ainsi du reste l'avait déja décidé le droit romain qui dispose que lorsque plusieurs objets sont engagés pour la même dette, il appartient au créancier de choisir celui d'entre eux qu'il voudra vendre, « creditoris arbitrio permittitur ad suum commodum pervenire », disait Modestin (1).

La convention, d'après laquelle il serait permis au créancier non payé à l'échéance d'acquérir la propriété du gage, à la suite d'une estimation faite par experts et sans qu'il soit nécessaire de recourir à la justice, ne nous semble pas être en désaccord avec les principes généraux du Code civil. Le recours à la justice entraînera toujours certains frais à la charge du débiteur, puisqu'ils sont occasionnés par son défaut de payement, et peut être ce débiteur, aura-t-il avantage à simplifier, d'accord avec son créancier, une procédure qu'il trouve lui même inutile.

Il sera bien rare que l'estimation des experts concorde exactement avec le chiffre de la créance ; l'habitude étant d'engager des objets d'une valeur supérieure à celle de la dette, il y aura nécessairement lieu à un réglement de compte entre le créancier et le débiteur. Malgré l'autorité du nom de Cujas, nous croyons qu'il est difficile d'admettre le droit, pour le créancier, de s'approprier le gage, quelle que soit la valeur fixée par l'expertise, en conve-

---

(1) L. 8, D., *De distract. pign.*

nant qu'on renoncerait à tout règlement de compte au profit ou au détriment du débiteur. En effet, le caractère aléatoire qui semble justifier une semblable convention n'est qu'apparent, l'intérêt du débiteur y sera bien souvent sacrifié, car l'expérience nous démontre que la plupart du temps, la garantie vaut beaucoup plus que la chose garantie.

Si le créancier ne veut pas garder le gage, il se fera autoriser par le tribunal à en poursuivre la vente aux enchères, afin de se faire payer par privilége et jusqu'à due concurrence, sur le prix en provenant. Tandis qu'à Rome le créancier faisait vendre le gage comme bon lui semblait, la pratique constante de l'ancienne jurisprudence française était que cette vente devait être faite par autorité de justice et aux formes de droit (1). Il en est de même aujourd'hui; l'art. 2078 exige que la vente en question soit faite aux enchères et par conséquent au comptant, d'après l'art. 624 du Code de proc. civ., parce que les formalités de la vente publique offrent plus de garanties au débiteur.

De même que l'appropriation du gage par le créancier après expertise, la vente devra être ordonnée par le tribunal sur la demande qui en sera faite par le créancier. Toutefois, l'autorisation de justice ne serait pas nécessaire, si les parties convenaient qu'à défaut de paiement à l'échéance, et sans qu'il soit besoin de s'adresser d'abord à la justice, le

____

(1) Argou, *Instit. au droit franç.*, vol. 2, p. 391.

créancier pourrait poursuivre la vente du gage aux enchères. Il en était déjà ainsi dans l'ancien droit; ce que le législateur désire avant tout, c'est que la vente soit publique afin que la chose vendue atteigne le plus haut prix possible. Aussi dirons nous que la permission du juge ne sera pas non plus exigée lorsque le créancier aura un titre exécutoire contre le débiteur; il pourra alors faire vendre le gage après un simple commandement, d'après 583 du Code de proc. civ. Les titres VIII et X du livre cinquième du Code de proc. indiquent les règles spéciales à la vente publique des créances et des rentes; ce sont ces règles que nous aurons à observer lorsque le débiteur aura donné en gage des droits mobiliers. Il va sans dire que les principes généraux resteront toujours applicables à ces sortes de ventes et que le créancier, par exemple, ne pourrait sous aucun prétexte, s'approprier le gage ni le vendre à l'amiable, s'il n'était pas payé à l'échéance.

Si le gage consistait en effets publics ou autres valeurs cotées à la Bourse, la vente s'en ferait à la Bourse par le ministère d'un agent de change. La jurisprudence a considéré (1), et à juste raison éomme public ce mode de vente, le seul en usage pour ces sortes de valeur et qui présente toutes les garanties de la vente aux enchères. Un arrêté du 17 prairial an X et l'art. 76 du Code de comm. ren-

1) Cassation, 7 décembre 1853; Paris, 13 janvier 1854 (S. V., 54, 2, 209; Dalloz, 54, 2, 93).

dent d'ailleurs la vente à la bourse obligatoire dans le cas dont s'agit et imposent cette dérogation à l'art. 2078.

La vente ayant eu lieu, le gagiste exercera alors, et à l'encontre des autres créanciers de son débiteur, le droit le plus essentiel qui résulte pour lui du contrat de gage, et qui consiste dans la faculté de se payer par privilége et préférence sur le prix provenant de la vente. « Le gage confère au créancier le droit de se faire payer par privilége et préférence aux autres créanciers, sur la chose qui en est l'objet, » dit l'art. 2073 du Code civil. L'art. 2102 2° exprime la même idée « le créancier gagiste est privilégié sur le gage dont il est saisi. » Nous avons trouvé dans le droit romain la source du privilége en question, et c'est au droit romain que notre ancienne jurisprudence l'a elle-même emprunté en le restreignant toutefois en ce sens que, comme aujourd'hui, les meubles seulement pouvaient être donnés en gage. Ce privilége du créancier gagiste n'existe, nous le savons, qu'autant que le créancier a été mis et qu'il est resté en possession de son gage; dérivant de la convention il repose donc uniquement sur le fait matériel de la possession. Est-ce bien un privilége et ne serait-il pas permis d'en douter en présence de la définition qui en est donnée par l'art. 2095 et qui dispose que le privilége est un droit que la *qualité de la créance* donne au créancier. Or ici, l'origine du privilége ne remonte nullement à la qualité de la créance puisqu'il provient simplement de la convention jointe au fait de la possession. Aussi serait-il plus exact de dire que ce droit de préférence du créancier gagiste est bien plutôt une véritable hypothèque mobilière qu'un privilége; si la loi ne l'a pas désigné sous le nom d'hypothèque, c'est que l'usage et les précédents réservent plus spécialement cette dernière dénomination à la constitution d'une sûreté réelle non accompagnée de tradition, ne reposant pas comme le gage sur le fait de la possession; c'est aussi parce que les effets si importants attachés dans notre législation à la possession des meubles étaient un obstacle à ce que cette classe de biens pût être hypothéquée.

Quoiqu'il en soit, ce droit du créancier gagiste que la loi qualifie de privilége est placé par elle au même rang que le privilége proprement dit. Or, à l'exemple du privilége du locateur lequel est basé sur une idée de gage, nous dirons que le créancier gagiste primera les priviléges généraux énumérés par l'art. 2101, à l'exception des frais de justice lorsque ces frais lui auront profité. Quant aux priviléges spéciaux qui pourraient frapper l'objet engagé, nous dirons que si le créancier les connaissait lors de la constitution du gage, il sera primé par eux, sinon il passera avant eux. Tel sera le principe applicable à la créance privilégiée du vendeur d'objets mobiliers et à la créance de celui qui aurait travaillé à leur conservation antérieurement à la constitution de gage.

« Le gage, dit l'art. 2083, est indivisible nonob-
« tant la divisibilité de la dette entre les héritiers
« du débiteur ou ceux du créancier. » Nous croyons
inutile d'insister sur l'application de cet article ;
on conçoit aisément qu'il eut été contraire à l'intention des parties et au but qu'elles s'étaient proposé
en contractant, de permettre que le débiteur venant
à mourir en laissant plusieurs héritiers, chacun
d'eux, en payant personnellement dans la dette la
part héréditaire dont il serait tenu, pût retirer du
gage une fraction correspondante. La mort du débiteur ne doit pas nuire à son créancier. L'indivisibilité du gage est d'ailleurs analogue à celle que
l'art. 2114 attribue à l'hypothèque, c'est-à-dire que
cette indivisibilité, dont la cause est une présomption de volonté, n'est que de la nature et non de
l'essence du contrat de gage. Les parties peuvent
donc convenir que les paiements partiels que le débiteur serait autorisé à faire ou qui seraient effec-
tués par ses héritiers, entraîneront une libération
également partielle de l'objet engagé. En l'absence
de clause stipulant spécialement la divisibilité du
gage nous dirons donc que, de même qu'à Rome,
chaque fraction si minime qu'elle soit de la dette
est garantie par le gage tout entier, comme chaque
parcelle de l'objet engagé garantit la totalité de la
dette.

DROIT COMMERCIAL

« Les dispositions ci-dessus, dit l'art. 2084 du
» Code civil, ne sont applicables ni aux matières de
» commerce, ni aux maisons de prêt sur gage auto-
» risées, et à l'égard desquelles on suit les lois et ré-
» glements qui les concernent. »

En écrivant cet article, les rédacteurs du Code civil avaient non seulement pour but d'avertir que le
gage commercial était exempt des règles qu'ils venaient d'exposer, mais encore que le Code de com
merce consacrerait à ce gage certaines dispositions
spéciales. Le premier livre de ce dernier Code, pro-
mulgué plus de trois années après le titre du nantissement, ne répondit cependant pas aux promesses
précédemment faites par le législateur de 1804 ; il
serait au reste assez difficile de faire connaître la
cause exacte pour laquelle les rédacteurs du Code de
commerce n'ont pas jugé le gage digne d'attirer leur
attention.

Quoiqu'il en soit, le contrat de nantissement n'en était pas moins d'un emploi fréquent pour la garantie des transactions entre commerçants, et à ce propos, s'éleva la question controversée de savoir quelles règles, quel régime devait le gouverner. D'après certains auteurs (1), la question se trouvait suffisamment élucidée par l'art. 2084 de Code civil ; puisque cet article, disaient-ils, déclare que les règles du droit civil ne sont pas applicables au nantissement commercial, il est incontestable que ce serait aller contre la volonté du législateur que de vouloir les lui appliquer ; le silence gardé par le Code de commerce n'infirme en rien la disposition établie par l'art. 2084, il en résulte simplement que les principes généraux du droit commercial et que les moyens de preuve, tels qu'ils sont énumérés par l'art. 109 du Code de commerce, sont applcablas à notre matière. M. Troplong, le promoteur principal de cette théorie, repoussait donc toute immixtion du Code civil, sauf pour le cas spécialement prévu par l'ancien art. 95 du Code de commerce, c'est-à-dire lorsque le commettant et le commissionnaire résidaient l'un et l'autre dans le même lieu. « La raison de cette différence entre le droit » civil et le droit commercial, dit-il, est prise de » haut par M. Gary. Le commerce est lié à des vues

<hr>

(1) Troplong, nᵒˢ 115 et suiv.; Delamarre et Lepoitevin, t. 2, nᵒ 399, Metz, 5 février 1820, et Rennes, 20 décembre 1859.

» supérieures de politique et d'administration, il
» se régit par des règles qui lui sont propres. Le
» Code civil a donc entendu laisser le commerce
» sous l'empire des règles qui sont propres; il n'a pas
» voulu le faire fléchir sous la rigueur inexorable du
» droit civil. »

Ce système, qui ne manquait pas d'une apparence de logique, avait cependant le tort de substituer des vœux, bien légitimes sans doute, à la
réalité des faits. « Comprendre la loi comme vous
» la comprenez, disait-on à M. Troplong, ce n'est
» pas l'interpréter, c'est la faire. » Aussi, la grande
majorité des auteurs et la plupart des arrêts, tout
en reconnaissant le besoin d'une réforme, étaient
d'avis que le silence gardé par les rédacteurs du
Code de commerce était une preuve incontestable
que les règles du Code civil devaient s'étendre au
gage commercial. Dirigeant contre M. Troplong ses
propres arguments, les partisans de ce second système lui objectaient que le Code civil est, même
pour le commerce, la loi fondamentale à laquelle il
faut toujours revenir dès que le droit commercial ne
contient pas de disposition contraire.

Tel était l'état de la question, lorsque la loi du
23 mai 1863, répondant enfin à des espérances longtemps déçues, fit cesser toutes ces controverses en
établissant pour le gage commercial un régime spécial. Mais, avant d'aborder l'étude de cette loi de
1863 qui doit faire l'objet principal de notre étude,
nous devons faire remarquer que les nécessités do

plus en plus pressantes de la pratique commerciale
avaient, bien avant cette époque, et par de nombreuses dispositions législatives, fait introduire
certaines exceptions aux formalités rigoureuses du
Code civil. C'est ainsi qu'en remontant à la promulgation du titre sur le nantissement, en 1804, nous
pouvons distinguer trois périodes dans la législation relative au gage commercial. Dans la première,
que l'on pourrait désigner sous le nom de période
de rigueur, la crainte, peut-être exagérée, des conventions usuraires, fait que l'on entoure le gage
entre commerçants des mêmes précautions que le
nantissement civil.

A partir de 1834 s'ouvre une période que nous
pourrions appeler de faveur, pendant laquelle la sévérité du législateur se détend successivement au
profit d'un certain nombre d'établissements de crédit privilégiés. C'est ce qui se produisit tout d'abord
pour la Banque de France; cette banque, autorisée
à prêter sur dépôts de lingots, peut encore prêter,
d'après l'art. 16 de la loi du 16 janvier 1808, sur des
effets publics remis par des particuliers, à condition toutefois que ces effets soient à échéance déterminée à l'avance et d'une manière précise. Or,
en 1834, une loi disposa qu'il ne serait plus nécessaire dorénavant que les effets publics eussent une
échéance déterminée. Plus tard, les décrets du 3 et
du 28 mars 1852 assimilèrent aux effets publics
d'abord les actions et obligations des chemins de
fer, puis les obligations de la ville de Paris. Enfin,

la loi du 9 juin 1857 étendit la même faveur aux obligations du Crédit foncier. Cette même loi de 1834, et c'est là sa disposition la plus importante, dispense la Banque de France, pour les avances qu'elle fait en recevant en gage les valeurs dont il s'agit, de l'observation des art. 2074 et 2078 du Code civil. On n'aura donc pas, pour le rendre opposable aux tiers, à faire enregistrer l'acte sous signature privée qui constate l'engagement ; de plus, faute par l'emprunteur de pouvoir rembourser le lendemain de l'échéance, la banque aura le droit de faire vendre à la Bourse, par le ministère d'un agent de change, tout ou partie des effets qui lui auront été transférés.

Lorsque les comptoirs et sous-comptoirs d'escompte et de garantie furent créés, ces établissements, autorisés comme la Banque de France à prêter sur marchandises, titres et valeurs, eurent le droit, d'après l'art. 9 du décret du 24 mars 1848 de procéder à la vente des objets engagés, sans autorisation de justice et huit jours après la signification adressée au débiteur. Le privilège accordé à la Banque est plus étendu puisqu'elle peut, avons-nous dit, réaliser le gage le lendemain même de l'échéance.

La loi du 25 juin 1857 dispose à son tour que les art. 2074, 2075 et 2078 du Code civil ne sont point applicables aux avances sur dépôts d'obligations foncières que la société du Crédit foncier de France est autorisée à faire par l'art. 2 de ses statuts. A défaut de remboursement, dès le lendemain de l'échéance dit l'art. 3 de cette loi, la société du Crédit foncier peut, sans qu'il soit besoin de mise en demeure, faire procéder, par le ministère d'un agent de change, à la vente du titre.

Citons enfin la loi du 28 mai 1858 qui consacre également au profit des Magasins généraux de notables dérogations aux règles du Code civil sur le nantissement. Nous étudierons un peu plus loin et dans tous ses détails, le mécanisme de cette nouvelle institution de crédit qui a déjà rendu et qui est appelée à rendre encore au commerce d'importants services.

Nous arrivons ainsi à la troisième période, c'est-à-dire, à la généralisation des faveurs exceptionnellement accordées à certains établissements et à leur application au droit commun commercial. La rigueur de la première période ne se fait donc plus sentir que pour le nantissement civil. Dans cette troisième période, inaugurée par la loi du 23 mai 1863, la constitution et l'exécution du gage commercial se trouvent l'une et l'autre facilitées. Au lieu d'être annexée aux Codes français, comme le sont d'habitude les lois spéciales, la loi dont il s'agit a été intercalée dans le Code de commerce; le titre sixième de ce Code, réservé au privilége du commissionnaire, ayant paru être le plus apte à recevoir la nouvelle disposition législative, les articles 91, 92 et 93 qui traitaient de la commission furent destinés à la matière du gage, tandis que ce qui était relatif au commissionnaire fut condensé à la suite, dans les articles 94 et 95.

Avant d'aborder l'étude de la nouvelle loi, il n'est pas inutile de faire observer que les principes du Code civil doivent être considérés comme s'appliquant au gage commercial chaque fois qu'il n'y est pas expressément dérogé : « Les auteurs du Code de commerce, dit l'exposé des motifs de la loi du 23 mai 1863, ont pris, en toute matière, comme base de leur travail, sans qu'il fut même nécessaire d'y renvoyer expressément, les principes et les règles du Code civil, s'attachant seulement à les compléter ou à les modifier, quand il était nécessaire, pour les besoins du commerce. » Ajoutons que cette loi si impatiemment attendue, et qui a heureusement fait disparaître les gênantes entraves qui paralysaient encore les relations commerciales, a été l'objet de critiques vives et passionnées; elle a été considérée comme une porte constamment ouverte à la fraude et à l'usure. Nous ne pouvons méconnaître que le danger pourra exister, mais la crainte d'un mal ne doit pas faire tomber dans un mal plus grand, et aux préventions un peu exagérees qui se sont formées contre la nouvelle loi, nous répondrons par ces paroles de M. Vernier, dans son rapport fait au nom de la commission. « Entraver les conventions utiles et honnêtes pour empêcher le dol de s'y introduire n'est plus l'œuvre de notre temps. Donner à l'honnêteté toute sa carrière et atteindre la fraude quand elle se montre sont les idées vraies qui sont destinées à pénétrer de plus en plus dans nos lois. »

SECTION I

DU GAGE TEL QU'IL EST RÉGLEMENTÉ PAR LA LOI DU

23 MAI 1863.

Les dispositions de la loi nouvelle sont, comme nous l'avons dit, contenues dans les art. 91, 92 et 93 du Code de commerce. C'est en suivant l'ordre indiqué par ces articles que nous allons examiner les matières dont nous avons à nous occuper. L'article 91 s'occupe à la fois de la définition du gage commercial et de la manière dont il se constate à l'égard des tiers et entre les parties contractantes. « *Le gage constitué soit par un commerçant, soit par un individu non commerçant, pour un acte de commerce...* » est donc commercial, comme il résulte du texte de notre article. A cette lecture, on peut concevoir deux idées bien différentes ; on peut dire : 1º le gage est commercial quand il est constitué par un commerçant débiteur, 2º le gage est commercial quand il est constitué par un non commerçant, mais pour une dette commerciale.

Or, cette interprétation nous semble assurément

mauvaise, cette première idée que fait naître la lecture du texte de l'art. 91 est inexacte et ne répond nullement à la pensée du législateur de 1863. C'est qu'en effet les mots les plus essentiels de notre texte sont ceux-ci « *pour un acte de commerce* »; ce sont eux qui doivent attirer toute notre attention, car non seulement ils s'appliquent au cas où le gage est constitué par un individu non commerçant, mais ils sont encore inséparables du cas où il l'est par un commerçant.

Aussi dirons-nous, et cette seconde idée nous paraît être la seule vraie : le gage est commercial quand il est donné pour sûreté d'une dette qui est commerciale du côté du débiteur, *peu importe qu'il soit donné par un commerçant ou non.* Peu importe donc que le débiteur soit négociant ou ne le soit pas, ce que l'on considère c'est la nature de la dette, c'est que la dette soit commerciale pour le débiteur qui donne le gage. En un mot, c'est du côté du débiteur qu'il faudra examiner ce qu'est l'opération qui donne lieu à la constitution de gage. Ainsi, lorsqu'un non commerçant fait un emprunt chez un banquier en lui conférant un gage, l'acte de cet emprunteur n'a rien de commercial, bien qu'en prêtant le banquier fasse un acte de commerce. Le critérium auquel nous reconnaîtrons la commercialité du gage, sera donc analogue à celui qui permet à un prêteur d'exiger 6 0/0 d'intérêts ; dans l'un et l'autre cas il est nécessaire mais il suffit que la dette soit commerciale du côté du débiteur. La jurisprudence fait donc erreur quand elle décide que le prêt est commercial pourvu que l'une ou l'autre des parties soit commerçante.

Que le débiteur soit négociant ou ne le soit pas, cela importe donc peu pour le fond du droit, pour la solution de la question ; toutefois ce serait aller trop loin que d'enlever toute importance à cette considération. En effet, le débiteur est-il commerçant, on présumera, sauf preuve contraire, la commercialité de la dette, conformément à ce texte de l'art. 638 du Code de commerce : « *néanmoins les billets souscrits par un commerçant seront censés faits pour le commerce* »; ne l'est-il pas, dans le doute, on présumera le non commercialité de la dette.

Telle est l'importante disposition qui ressort du § 1 de l'art. 91 ; le bénéfice de la loi de 1863 est donc étendu à l'individu non négociant mais qui se livrerait à un acte de commerce isolé. Le projet du gouvernement était moins hardi ; il n'admettait à profiter des avantages de la nouvelle loi *que le commerçant qui constituerait un gage*, quelle que fût d'ailleurs la qualité du créancier gagiste. Mais la commission du Corps législatif est allée plus loin ; la limitation fixée par le projet primitif lui a paru présenter des inconvénients d'autant plus sérieux qu'elle devait soulever dans la pratique des questions qui ne sont pas toujours d'une solution facile. L'amendement présenté par la commission s'appuyait principalement sur cette considération « que le Code de commerce a bien, à la vérité, défini dans son article premier ce que c'est qu'un commerçant, mais cette définition, comme beaucoup d'autres, reste elle-même livrée à une controverse qui ne manquerait pas de trouver un aliment nouveau dans l'intérêt qu'auraient les tiers à contester le privilége du créancier gagiste. » Le système proposé par la commission ne fût pas adopté sans être l'objet de très-vives critiques lors de la discussion générale qui s'ouvrit le 4 mai 1863. « Ce qui m'alarme dans le projet en discussion, a dit M. Jules Favre, c'est qu'il n'est pas fait seulement en vue du commerçant, mais il peut s'appliquer aussi à une personne non commerçante quand elle se sera, il est vrai, livrée à un acte de commerce. Je crois que cette extension de la loi aux actes de commerce irrégulièrement faits par une personne non commerçante ne servira qu'à couvrir des fraudes. » A ces objections, M. Vernier, rapporteur de la commission, n'avait qu'à opposer les raisons sérieuses et véritablement déterminantes qui avaient déjà motivé la décision de la commission : « qu'est-ce qu'un commerçant? Il est défini par le Code de commerce : celui qui se livre à des actes de commerce, qui en fait habituellement sa profession. Mais comment se constituera l'habitude? faudra-t-il seulement deux actes de commerce? en faudra-t-il trois, quatre, cinq ? Il y a, à cet égard, de telles incertitudes dans la jurisprudence, qu'on est presque encore à se demander ce que c'est qu'un commerçant. En dehors des définitions données par le Code de commerce, ce qui constitue surtout le commerçant, c'est l'acte de commerce. »

L'extension demandée par la commission fut donc accordée et la première partie du § 1 de l'art. 91, d'après laquelle est commercial le *gage constitué soit par un commerçant, soit par un individu non commerçant, pour un acte de commerce*, définitivement adoptée.

Après avoir défini le gage commercial, l'art. 91 nous apprend comment il se constitue. La nouvelle loi consacre ici de graves mais nécessaires innovations et qui sont loin de présenter tous les dangers qu'on redoutait, puisqu'elles ne font, après tout, qu'appliquer à la matière du gage les modes de preuve usités dans toutes les transactions commerciales.

Les rigoureuses prescriptions du Code civil, avons-nous dit, devaient être exactement observées en cas de gage constitué pour affaires de commerce, et l'ancien art. 95 disait expressément que le gage commercial ne donnait privilége qu'autant qu'on s'était conformé aux dispositions du tit. 17, liv. 3, du Code civil. En matière de gage commercial on dérogeait donc à l'art. 109 du Code de commerce puisqu'il fallait un écrit enregistré pour le prouver. Pourquoi en était-il ainsi? parce qu'il est souvent du dernier intérêt, en matière de faillite par exemple, de connaître d'une façon précise le jour de la constitution du gage. Il faut en effet s'assurer que

le contrat de gage ne tombe pas sous le coup de
l'art. 446 du Code de commerce qui prononce « la
» nullité, relativement à la masse, des actes faits
» par le débiteur failli, depuis l'époqne déterminée
» par le tribunal comme étant celle de la cessation
» de ses payements, ou dans les dix jours qui au-
» ront précédé cette époque. » Voilà pourquoi il
fallait avant 1863 un écrit pour constater le gage.
Il n'y avait exception que dans un seul cas posé
par l'ancien art. 93 : le commissionnaire qui a fait
des avances sur des marchandises à lui expédiées
d'une autre place pour être vendues pour le compte
d'un commettant, a privilége pour le remboursement de ses avances, intérêts et frais, sur la valeur
des marchandises, si elles sont à sa disposition.
Dans ce cas particulier, on n'exigeait pas l'écrit
enregistré, parce qu'il était très-facile d'établir la
date de la naissance du privilége par suite des lettres de voiture, du connaissement, de l'écrit de
l'expéditeur.

Telle était la législation antérieure à 1863 ; elle
avait soulevé, avons-nous dit, de nombreuses et
justes réclamations. Etre dans la nécessité de constater le gage commercial par un écrit, de faire un
acte en forme, disait-on, c'est un embarras bien
inutile, nuisible même, puisque l'enregistrement
entraîne des frais qui retomberont toujours sur le
débiteur. La fraude deviendra possible, à la vérité,
car un commerçant pourra donner un gage la veille
même de sa faillite. Mais en cas pareil un négociant

peut bien vendre ses marchandises à vil prix ; or, en matière de vente, on a toujours admis l'application de l'art. 109 relatif aux modes de preuve ; pourquoi en serait-il autrement en matière de gage? s'il y a fraude, on fera en sorte de la prouver. De là est résultée l'extension du droit commun commercial à la matière du gage ainsi posée par l'art. 91 : « le gage se constate, à l'égard des tiers comme à » l'égard des parties contractantes, conformément » aux dispositions de l'art. 109 du Code de comm. »

On pourra donc désormais établir l'existence du gage non-seulement entre les parties mais aussi à l'égard des tiers : 1° par actes publics ; 2° par actes sous signature privée ; 3° par le bordereau ou arrêté d'un agent de change ou courtier, dûment signé des parties ; 4° par une facture acceptée ; 5° par la correspondance ; 6° par les livres des parties ; 7° par la preuve testimoniale, dans le cas où le tribunal croira devoir l'admettre ; enfin, comme conséquence nécessaire des moyens déjà autorisés par l'art. 109, par les présomptions, par l'aveu et le serment.

« La vente, est-il dit dans l'*Exposé des motifs* de la nouvelle loi, ne pourrait-elle, comme le gage, dissimuler un détournement frauduleux au préjudice des tiers créanciers? Aujourd'hui surtout que la régularité dans les écritures commerciales est bien plus généralement observée qu'elle ne l'était autrefois, il n'y a pas de raison, pour que les preuves commerciales suffisantes pour établir la sincérité et la date de la vente, ainsi que son objet, à l'égard des tiers, suffisantes pour prévenir la fraude, suffisantes pour que le magistrat puisse la reconnaître et la réprimer, ne suffisent pas également au même but, en ce qui concerne le gage. »

Toutes ces raisons étaient trop concluantes pour ne pas faire adopter à la presque unanimité des membres du Corps législatif le § 1 du nouvel art. 91. Il n'est peut-être pas inutile d'insister ici sur un point que le législateur de 1863 n'a pas suffisamment élucidé, malgré les observations présentées à ce propos par M. Jules Favre. Comment le prêteur saura-t-il, avait objecté M. Jules Favre, que les fonds qu'il prête sont bien réellement destinés à un acte de commerce? La commission répondit par l'organe de son rapporteur, que ce serait au prêteur à s'en assurer ; il devra prendre ses précautions en faisant faire une lettre, par exemple, qui établira que la somme prêtée ne doit avoir d'emploi que dans une affaire commerciale (1). Ajoutons, comme l'a très-justement fait observer M. Duvergier que si, malgré toutes les précautions prises par le créancier gagiste, le débiteur parvient encore à le tromper en consacrant à des affaires civiles l'argent emprunté, la constitution de gage n'en restera pas moins valable ; il ne faut pas que la fraude d'un débiteur porte préjudice à son créancier.

Le § 1 de notre article s'applique sans difficulté à tous les meubles corporels quelconques tels que

____

(1) Bédarride, p. 526.

denrées, marchandises ; même un navire peut être valablement donné en nantissement de cette manière. La tradition suffira donc pour assurer le privilége du créancier, et les moyens de preuve de l'art. 109 serviront à le prouver.

Mais le gage peut encore être donné sur des choses incorporelles ; il se constitue alors de différentes manières, selon la difference des choses engagées lesquelles peuvent être de quatre sortes :

1° Et d'abord on peut donner en nantissement des titres au porteur, cela va de soi bien que l'art. 91 n'en parle pas. Nous avons précédemment indiqué les divers systèmes que le nantissement civil de ces sortes de valeurs avait fait naître ; repoussant la théorie de la Cour de Cassation d'après laquelle les art. 2074 et 2075 seraient l'un et l'autre applicables dans l'espèce, nous avons pensé que le gage des titres au porteur devait être régi par les mêmes règles que celui des meubles corporels, et que l'article 2074 nous paraissait suffire pour en rendre l'engagement parfait.

Or, il en sera de même lorsqu'il s'agira de former avec ces sortes de valeurs l'objet d'une garantie commerciale ; on procédera donc comme pour les objets corporels ordinaires et le § 1 de l'art. 91 leur sera applicable sans difficulté. On remettra par conséquent au créancier le titre au porteur ; inutile d'en prévenir les débiteurs de ce titre à qui cela importe peu. « Aucune disposition spéciale n'était nécessaire, est-il dit dans l'*Exposé des motifs*, pour faire cesser toutes les controverses qui se sont élevées au sujet du nantissement des valeurs ayant la forme au porteur, puisqu'il est déclaré par le projet, d'une manière générale et par conséquent applicable à tous les objets mobiliers quelconques, que le gage constitué par un commerçant s'établit à l'égard des tiers conformément aux dispositions de l'art. 109. La propriété des titres au porteur est transmissible sans endossement, sans notification au débiteur, et par la seule tradition, absolument comme la propriété d'un lingot, d'un bijou, d'un meuble. Le § 1 de l'art. 91 leur est donc applicable. »

Un arrêt de cassation du 30 novembre 1864 est venu confirmer ce système en matière commerciale.

2° « Le gage, à l'égard des valeurs négociables, » dit l'art. 91-2°, peut aussi être établi par un en» dossement régulier, indiquant que les valenrs ont » été remises en garantie. »

Ces valeurs, que la loi appelle négociables, et que l'on pourrait désigner d'une façon plus exacte en les nommant *endossables*, comprennent toutes celles dont la propriété peut être transmise par endossement, et pour la mise en gage desquelles le même moyen est désormais applicable. Ce sont les billets à ordre, les lettres de change, les connaissements, lettres de voiture, warrants, chèques, etc. S'agit-il d'un gage civil, nous aurons à remplir les conditions de forme de l'art. 2074; quant à la signification de 2075, elle sera, même en matière civile, remplacée par l'endossement. Mais entre commerçants, et depuis la loi de 1863, le gage sera constitué par un endossement que l'on nomme *endossement de garantie* parce qu'il doit indiquer que les valeurs ont été remises en garantie, Un endossement pur et simple ne ferait pas connaître, en effet, si c'est la propriété que l'on a voulu transmettre ou une garantie que l'on a entendu donner.

Il faut que l'endossement soit régulier, dit l'art. 91, c'est-à-dire qu'il soit conforme à la disposition de l'art. 137 du Code de commerce ; or, pour être régulier, il faut que l'endossement soit daté, qu'il exprime la valeur fournie, et qu'il énonce le nom de celui à l'ordre de qui il est passé. Ajoutons que, malgré le silence de l'article 137, l'endossement devra, de plus être signé ; la signature est en effet une condition essentielle à son existence et non plus seulement à sa régularité ; et cela est tout naturel, puisque l'endossement n'étant après tout qu'une cession de la créance rendue très-simple à raison des exigences de la célérité commerciale, il est indispensable que le nom du cédant soit connu.

Remarquons les termes dont se sert l'art. 91-2° : le gage des valeurs négociables *peut aussi* être établi par un endossement. Cela prouve donc que l'endossement n'est qu'un nouveau mode de preuve, n'excluant en aucune façon les preuves de droit commun en matière de commerce, et qui s'ajoute par conséquent aux preuves de l'art. 109. Le texte de la loi et les paroles du rapporteur ne laissent d'ailleurs aucun doute à ce sujet : « Le § 2 n'était peut-être pas nécessaire, car, en admettant que le gage constitué en valeurs négociables pourra aussi être prouvé par un endossement régulier indiquant une remise à titre de garantie, il n'a guère fait qu'une application de l'art. 109 du Code de commerce. »

Étant admis en effet que tous les modes de preuve, en matière de vente commerciale, sont étendus au nantissement commercial, et l'endossement ayant pour effet de prouver la vente des valeurs négociables, il allait de soi qu'il devait également servir à prouver l'engagement de ces sortes de valeurs. Mais la question de savoir si l'endossement seul, susceptible à la vérité de transmettre la propriété d'une lettre de change, l'est aussi de transmettre la possession de cette valeur à titre de garantie, avait été si souvent agitée et si souvent résolue négativement par la jurisprudence, que le législateur de 1863 a cru, et non sans raison, devoir particulièrement insister sur ce nouveau mode de constitution du gage.

Ajoutons enfin que le créancier gagiste, détenteur du titre endossable, sera soumis aux conditions du porteur, c'est-à-dire qu'il devra avoir soin de ne pas laisser encourir de déchéance. Si le gage est un effet de commerce, il devra donc le présenter à l'échéance et le faire protester le lendemain, s'il y a lieu.

3° Nous arrivons maintenant au nantissement

des titres transférables ainsi régi par le § 3 de notre article 91 : « A l'égard des actions, des parts d'in-
» térêts et des obligations nominatives des sociétés
» financières, industrielles, commerciales ou ci-
» viles, dont la transmission s'opère par un trans-
» fert sur les registres de la société, le gage peut
» également être établi par un transfert à titre de
» garantie inscrit sur les dits registres. »

Il s'agit ici des titres nominatifs dont la propriété est transférée par une inscription sur les livres de la société. Or, la plupart des compagnies admettent que le transfert de ces titres peut être inscrit sur leurs registres aussi bien à titre garantie qu'à titre de transmission; nous sommes alors en présence d'un transfert de garantie.

Comme il n'y a pas là translation de propriété, ces sortes de transferts ont cet avantage qu'aux termes de l'art. 4 du règlement d'administration publique du 17 juillet 1857, fait pour l'exécution de la loi du 23 juin précédent, ils sont exempts du droit de mutation créé par la dite loi. Ainsi, dans le § 3 de l'art. 91, comme dans le précédent, le législateur de 1863 s'inspirant toujours de la même idée, a exigé pour la mise en possession les mêmes formalités que pour la translation de propriété. Remarquons, de plus, que la disposition de ce § 3, de même que la précédente, n'a d'autre but que d'augmenter, quand il s'agit de titres transférables donnés en gage, les modes de preuve de droit commun énumérés par l'art. 109. Mais il y a des sociétés dont

les statuts n'admettent pas le transfert à titre de
garantie. Dans ce cas « le titre sera transféré au
nom du prêteur, afin qu'il puisse le faire vendre
sans rencontrer de difficultés si le prêt n'est pas
payé à l'échéance. Le prêteur reconnaît d'ailleurs
dans l'acte qui intervient entre l'emprunteur et
lui que, nonobstant le transfert à son nom, il n'a
cependant sur le titre d'autre droit que celui de
créancier gagiste. Cette opération qui, sous l'empire de la loi actuelle, n'était à l'abri de toute con-
testation, à l'égard des tiers, qu'autant que l'acte
était enregistré, serait évidemment régulière, aux
termes de la loi nouvelle de 1863, sans acte enregistré, si la convention était établie par la preuve
commerciale. »

Ainsi donc, transfert à titre de nantissement, tel
est depuis 1863 pour les valeurs nominatives, sauf
pour les rentes sur l'État comme nous devons le
constater, le moyen bien simple de les donner en
gage. Mais il ne faut pas perdre de vue que tout ce
qui vient d'être dit ne s'applique qu'au gage commercial, et que la disposition de la loi de 1863 ne
modifie en rien les formes nécessaires au nantissement civil des dites valeurs, malgré l'avis contraire
de quelques rares auteurs. Il n'est en effet douteux
pour personne que le législateur de 1863 n'a entendu
innover qu'en matière commerciale.

La mise en gage civil des titres nominatifs ne
devra donc pas échapper à l'application de l'art. 2074
du Code civil, ainsi que nous l'avons déjà dit, c'est-

à-dire à la rédaction d'un acte; quant à la signifi-cation au débiteur de la créance engagée, il est facile de comprendre qu'elle sera valablement remplacée par une déclaration de transfert. Ajoutons qu'avant la loi de 1863, ce qui vient d'être dit à propos du nantissement civil des titres nominatifs, s'appli-quait exactement en matière commerciale.

Le projet de rédaction de l'art. 91-3° ne s'occupait que des actions et obligations nominatives; ce sont les observations du conseil d'état qui ont fait ajouter les *parts d'intérêt* afin de rendre la loi aussi complète que possible.

Les actions, nous le savons, sont des parts d'asso-ciés toujours égales afin de pouvoir être facilement vendues à la Bourse et donnant lieu à des bénéfices variables. L'obligation au contraire, n'est qu'un emprunt fait par la société à des tiers non associés lesquels, devenant ainsi créanciers de la société, ont droit à un bénéfice invariable et qui n'est que l'in-térêt de l'argent avancé.

Quant aux parts d'intérêt, elles ont, comme l'a très-bien fait observer M. Vernier, tous les carac-tères de l'action, mais en différent en ce sens qu'elles représentent une autre division de l'intérêt social que celle qui existe entre les actionnaires. C'est la part d'intérêt que les fondateurs d'une compagnie s'attribuent entre eux avant la mise en activité.

Les parts d'intérêt, comme les actions, ne sont donc que des parts d'associés dans le fonds social, entraînant participation dans les bénéfices et dans les pertes. Mais tandis que les actions représentant chacune une portion égale du capital social, sont destinées à être l'objet de transmissions fréquentes, les parts d'intérêt sont au contraire variables, c'est par exemple un quart, un huitième du fonds social. Elles sont de plus incessibles; ces parts d'intérêt appartiennent en effet aux fondateurs de la société, et comme la considération des personnes a été d'une grande importance dans la fondation de l'entreprise, ce serait certainement compromettre son avenir que d'autoriser ceux qui se sont placés à sa tête à l'abandonner quand bon leur semblerait.

Nous ferons encore observer que les rentes sur l'État, bien qu'elles soient en général nominatives et que dans un certain nombre de cas indiqués par l'art. 9 de l'ordonnance du 21 avril 1831 elles doivent l'être forcément, ne sont pas comprises dans l'énumération de l'art. 91-3°. C'est qu'en effet l'État ne permet pas qu'on transfère sur le Grand-Livre des rentes à titre de nantissement.

Il en résulte que la constitution d'un gage, civil ou commercial, consistant en rentes sur l'État, continue à s'opérer de la même manière qu'avant la loi de 1863. On devrait observer, d'après un arrêt de la Cour de Paris du 3 juin 1833, les formalités tracées par la législation spéciale aux transferts, c'est-a-dire par la loi du 28 floréal an VII; le transport d'une rente sur l'État par acte notarié serait donc insuffisant pour saisir le cessionnaire. Mais cette loi, nous venons de le dire, ne parle que des transferts à titre

de propriété ; aussi pensons-nous qu'on devra appliquer au nantissement des rentes dont s'agit le principe que l'exposé des motifs de la nouvelle loi nous
a fait connaître pour le cas où les statuts d'une société n'admettraient pas le transfert à titre de garantie. Le titre de rente sera donc mis au nom du prêteur afin qu'il puisse le faire vendre sans difficulté
à défaut de paiement à l'échéance. Mais les parties
constateront aussitôt après, daus un acte authentique ou sous signature privée enregistré, que le
nouveau propriétaire du titre de rente n'a sur ce
titre que les droits d'un créancier gagiste.

4° Il s'agit maintenant de créances que nous appellerons, par opposition aux précédentes, *signifia-*
bles. « Il n'est pas dérogé, dit l'article 91 4°, aux dis-
» positions de l'article 2075 du Code civil en ce qui
» concerne les créances mobilières dont le cession-
» naire ne peut être saisi à l'égard des tiers que par
» la signification du transport faite au débiteur. »

Il s'agit ici d'un renvoi pur et simple aux règles
du droit civil, à l'application de l'art. 2075 ; le bon
sens et la sécurité du créancier gagiste comman-
daient qu'il en fût ainsi. Le rapport de la Commission nous fait d'ailleurs parfaitement saisir la nécessité de l'exception posée ici aux règles du nantissement commercial. Il ne s'agit plus en effet de
créances résultant des actions ou obligations de
compagnies, il n'est plus question non plus d'effets
publics ou de valeurs négociables ; pour ces sortes
de créances, la libération du débiteur ne pouvant

avoir lieu que par la remise du titre qui lui est faite, le créancier gagiste, détenteur du titre, ne peut craindre l'extinction, à son insu, de l'obligation qu'il constate. Le § 4 de l'article 91 ne s'occupe en effet que de ces créances ordinaires que le débiteur peut parfaitement payer sans se faire représenter le titre qui les constate, et sans que par conséquent, le créancier-gagiste en ait le moindre soupçon. Un pareil paiement anéantirait donc le gage à moins que, conformément à l'art. 2075, la constitution de gage n'ait été signifiée au débiteur de la créance.

Qu'il s'agisse d'un gage civil ou commercial, la nécessité d'avertir le débiteur est la même ; le cessionnaire ne peut être saisi à l'égard des tiers que par la signification du transport faite à ce débiteur ; 91 4° devait de toute nécessité reproduire la disposition de l'art. 2075. Nous ne pouvons donc que renvoyer à ce que nous avons précédemment dit sur ce sujet.

L'art. 2075 exige, comme on sait, non seulement que la signification de l'impignoration soit faite au débiteur, mais de plus qu'il intervienne un acte public ou sous-seing privé enregistré. Mais dira-t-on, la loi de 1863 dispense de l'enregistrement, de l'acte notarié, par conséquent ce § 4 de l'article 91 n'est-il pas allé trop loin et ne contient-il pas une erreur législative ? nous ne le pensons pas ; il était même impossible que, dans sa pensée, le législateur de 1863 n'eût entendu exiger, outre la signification, la rédaction d'un écrit ayant date certaine. En effet, d'après l'art. 23 de la loi du 22 frimaire an VII, l'enregistrement d'un acte privé devient nécessaire quand il est produit en justice ou relaté dans un acte authentique; or ici, l'acte de cession devant être reproduit dans l'exploit de signification lequel est un acte authentique, cet acte de cession devra donc être enregistré.

Le dernier paragraphe de notre article donne au créancier gagiste le droit de recouvrer, au moment de leur échéance, les effets de commerce qui lui ont été donnés en gage, lorsque cette échéance a lieu avant que la dette pour laquelle le gage a été constitué, soit devenue exigible. Cette disposition, comme le fait observer M. Alauzet (1), a été insérée dans le but de dissiper les craintes que le signataire de ces effets aurait pu concevoir sur la validité du paiement qu'il aurait à faire à l'échéance entre les mains du créancier-gagiste. Ce dernier aura donc à exercer toutes les poursuites nécessaires au recouvrement des effets; ce n'est pas seulement son droit, c'est son devoir. Remarquons d'ailleurs qu'il n'en est ainsi que pour les effets de commerce; le gage n'étant qu'un dépôt entre les mains du créancier, ce dernier fera bien de ne toucher à leur échéance les créances ordinaires que s'il en avait reçu mandat du débiteur; s'il en est autrement pour les effets de commerce, c'est que ces valeurs devant être payées à jour fixe, les formalités nécessaires pour obtenir,

____

(1) Alauzet, n° 781, Comment. sur le C. de comm.

comme quand il s'agit d'autres créances, le consentement du débiteur, eussent entraîné un retard dans le paiement de l'effet de commerce et motivé son protêt.

Outre ce droit que le § 4 de l'article 91 accorde expressément au créancier gagiste, il va de soi que ce créancier jouira, en matière commerciale, de tous les avantages consacrés par les principes généraux du droit civil. Il pourra donc invoquer le principe d'indivisibilité tel qu'il est établi par l'art. 2084 du Code civil, et exercer le droit de rétention organisé par l'art. 2082 2° du même Code.

L'art. 92 reproduit textuellement la disposition de l'article 2076 du Code civil, disposition qu'il n'était peut-être pas très nécessaire de rappeler car les motifs qui l'ont inspirée en matière civile ne permettent pas davantage de s'en affranchir en matière commerciale. Nous pensons même que ces motifs doivent encore être plus pressants dans le second cas que dans le premier. « Dans tous les cas, dit l'ar-» ticle 92 1°, le privilège ne subsiste sur le gage » qu'autant que ce gage a été mis et est resté en la » possession du créancier ou d'un tiers convenu en-» tre les parties. »

Pourquoi le législateur de 1863 a-t-il cru devoir citer un principe dont l'application paraît ici ne devoir être douteuse pour personne? il nous l'explique lui-même dans son exposé des motifs; en effet, « des doutes s'étaient élevés à l'occasion de la condi-tion imposée par l'art. 2076 touchant la *mise en possession* du créancier. L'ancien art. 93 veut, pour

que le privilége soit acquis au commissionnaire pour
ses avances, que la marchandise soit à sa disposition *dans ses magasins ou dans un dépôt public.* On
a argumenté de ces expressions pour contester le
privilége quand la marchandise était déposée, par
exemple, dans un navire ou que le commissionnaire
en était saisi par un transfert en douane. Le projet
tranche ces questions. La disposition doit être entendue dans le sens le plus large. Partout où la marchandise est réellement à la disposition du créancier, dans ses magasins, dans ses navires, en douane,
ou dans un dépôt public, le privilége doit exister.
Elle est encore à la disposition du créancier quand,
même avant son arrivée, il en est saisi par un con-
naissemenr ou par une lettre de voiture. »

Il faut donc dépossession du débiteur, il faut de
plus de la part du créancier acquisition et détention
de la chose engagée. Le double motif de cette mutation de la possession ne nous est pas inconnu; si le
débiteur continuait, comme par le passé, à détenir
le gage, il pourrait le vendre valablement à un tiers
de bonne foi; d'autre part, la possession de ce gage
de la part du débiteur pourrait être pour lui la cause
trompeuse d'un crédit immérité, en égarant les tiers
sur sa véritable situation. Ce n'est d'ailleurs que
pour rendre la constitution de gage opposable aux
tiers que l'art. 92, de même que 2076 du Code civil,
exige le dessaisissement du débiteur; le mot « pri-
« vilége » qu'emploient ces articles le prouve assez.
s'établira par tous les moyens usités en droit com-

mercial ; donc, ni ce débiteur, ni ses héritiers, même bénéficiaires, n'auraient qualité pour invoquer la nullité du gage pour défaut de tradition.

Selon l'art. 446 du Code de commerce est nul ets sans effet tout droit de nantissement constitué par le débiteur depuis l'époque déterminée par le tribunal comme étant celle de la cessation de ses paiements ou dans les dix jours qui auront précédé cette époque. Or, faut-il appliquer cet article au cas où un nouveau gage serait substitué à l'ancien pendant la période qu'il prévoit? nous ne le pensons pas, pourvu toutefois que cette substitution ait été faite de bonne foi et sans intention de préjudicier à la masse des créanciers. La disposition de l'art. 446 a principalement pour effet de réprimer la fraude ; là où la fraude n'existe pas il n'y a donc pas lieu de l'invoquer. Cependant, une substitution faite dans de telles circonstances ne pouvant manquer de sembler suspecte, le tribunal devra l'examiner avec une attention toute particulière. Mais si le créancier venait à se dessaisir de son gage, à en perdre la possession pour une cause différente, la constitution d'un nouveau gage que lui ferait le débiteur pendant la période prévue par l'art. 446, serait assurément nulle.

Il est donc de toute nécessité que le créancier soit en possession par lui-même ou par l'entremise d'un tiers qui détiendra pour son compte Ce dernier point, nous le savons, doit être entendu très-largement ; aussi l'art. 92 ajoute-t-il afin qu'il ne puisse s'élever aucun doute à cet égard, que « le créancier est réputé avoir les marchandises en sa possession quand elles sont à sa disposition dans ses magasins ou navires, à la douane ou dans un dépôt public, ou si, avant qu'elles soient arrivées, il en est saisi par un connaissement ou une lettre de voiture. » Cette énumération n'était pas inutile, puisqu'avant la loi de 1863, ainsi qu'il résulte de l'exposé des motifs, le privilége du commissionnaire était souvent contesté quand la marchandise était déposée dans un navire ou que ce commissionnaire n'en était saisi que par un transfert en douanes. Toute controverse à cet égard a donc cessé aujourd'hui. Ajoutons que les tiers qui peuvent ainsi détenir pour le compte du gagiste ne sont pas indiqués d'une façon limitative par notre art. 92 ; nous aurons à nous occuper d'une façon toute spéciale des magasins généraux qui sont aussi des détenteurs précaires pour le compte du porteur du warrant.

La dépossession du débiteur doit être apparente ; il ne faudrait pas que le détenteur précaire fût le débiteur lui-même, comme l'a fort bien établi un jugement du tribunal de Marseille en 1869. A ce propos, il y a lieu de se demander si la dépossession du débiteur est suffisamment évidente lorsque les choses engagées sont restées dans les magasins du débiteur, alors que les clefs de ces magasins ont été remises au créancier. Cette remise de clefs suffit-elle pour dessaisir le débiteur? La question a été tran-

chée dans le sens de la négative par un récent arrêt
de cassation. Ainsi que l'a très-justement fait observer M. Labbé dans ses observations sur cet arrêt
« la condition essentielle du privilége selon le vœu
de la loi, c'est que le gage soit sorti de la possession
du débiteur d'une façon patente et visible, et il est
douteux que ce vœu soit exaucé, que ce but soit at
teint par la simple remise des clefs du magasin. »
M. Rataud ajoute aussi l'appui de son autorité à la
doctrine consacrée par l'arrêt de 1871.

Le législateur de 1863, toujours désireux de favoriser et d'étendre le développement du crédit commercial, n'a pas seulement autorisé l'engagement
des marchandises arrivées à destination mais encore
celui des marchandises non encore arrivées, en décidant que dans ce dernier cas le créancier gagiste
serait saisi par un connaissement ou une lettre de
voiture. La remise du connaissement ou de la lettre
de voiture au créancier équivaut en effet à la remise de la marchandise elle-même puisque le porteur de ces pièces a seul qualité pour en exiger la
délivrance. Le connaissement, d'après l'art. 281 du
Code de commerce, peut être à ordre, ou au porteur,
ou bien à personne dénommée; ajoutons qu'il en est
de même de la lettre de voiture bien que la loi n'en
ait rien dit. Lorsque ces actes sont à personne dénommée, la marchandise ne peut être remise qu'à
cette personne; sont-ils à ordre ils se transmettent
par endossement; le créancier gagiste sera donc

saisi par la remise qui lui sera faite du connaissement endossé à son ordre. Mais ici s'élève une controverse qui divise depuis bien longtemps les auteurs et la jurisprudence, et à laquelle les rédacteurs
de l'art. 92 n'ont malheureusement pas songé à
mettre fin. Il s'agit de savoir dans quels termes
l'endossement devra être conçu. L'art. 137 du Code
de commerce nous indique quelles conditions sont
nécessaires pour qu'un effet de commerce soit régulièrement endossé ; il faut, comme on sait, que l'endossement soit daté, qu'il énonce le nom de celui
à l'ordre de qui il est passé, qu'il exprime enfin la
valeur fournie. Des trois conditions que nous venons
d'énumérer, il n'y a aucun doute possible quant aux
deux premières : qu'il s'agisse d'endosser un effet
de commerce ou un connaissement, il est toujours
indispensable, on le comprend, que cet endossement soit daté et qu'il exprime le nom de celui à
l'ordre de qui il est passé. Quant à l'indication de la
valeur fournie, un endossement irrégulier par suite
de l'absence de cette indication suffirait-il cependant pour saisir le créancier gagiste, pour le faire
considérer comme nanti, à titre de garantie, des
marchandises formant l'objet du connaissement? il
est regrettable, nous le répétons, que l'art. 92 n'ait
pas résolu cette difficulté.

Une première opinion assimilant simplement le
connaissement a un effet de commerce ordinaire, ne
le considère comme régulier, donc comme ne saisis-

sant le créancier gagiste, qu'autant qu'il renferme la mention de la valeur fournie; dans le cas contraire, il ne vaut que comme procuration, exactement comme il arrive pour la lettre de change. A l'égard des tiers il faut en effet que le connaissement opère dépossession du débiteur et ensaisinement du créancier. « Il importe peu, comme l'a prétendu la Cour de Douai, que cette procuration soit irrévocable à l'égard du mandant, a dit M. Troplong; il faut voir quelle est sa portée à l'égard des tiers. Or, il est évident que le mandat résultant de l'endos irrégulier est de ceux qui rendent le mandataire passible de toutes les exceptions qu'on pourrait opposer au mandant. Dans cet état de choses il est impossible de dire que la marchandise est à la disposition du gagiste; il est si peu maître d'en disposer qu'un tiers peut s'interposer, y mettre arrêt et faire valoir un droit rival. » Ainsi donc, même en tenant pour irrévocable le mandat à fin de recevoir la marchandise qui provient de l'endossement irrégulier, sous prétexte que ce mandat n'est lui-même que la condition d'un autre contrat irrévocable et dont il n'est que l'accessoire, nous sommes loin de trouver dans la situation qui en résulte pour le créancier, ce caractère de possession personnelle, de propriété apparente qu'un connaissement régulier peut seul imprimer et qui permet au créancier gagiste d'opposer une fin de non recevoir aux exceptions qui pourraient être formées contre son débiteur, ainsi par exemple à la revendication du vendeur non payé,

En ce sens s'est maintes fois prononcée la jurisprudence (1).

Une seconde opinion considère l'endossement irrégulier comme suffisant pour saisir le créancier porteur du connaissement, des marchandises qui en sont l'objet, pour lui conférer, s'il est de bonne foi, un droit préférable à celui du vendeur non payé, en un mot, pour créer à son profit un véritable droit de gage. MM. Delamarre et Lepoitevin (2) ont fourni à l'appui de ce second système des raisons très-concluantes : « le connaissement, disent-ils, n'a pour objet ni la propriété, ni le transport de la marchandise qui y est décrite, ni, en général, comme la lettre de change, le payement d'une somme d'argent ou le transport de quelque autre créance pécuniaire. Ce qui le constitue de la part du capitaine, c'est l'obligation de transporter et de livrer la marchandise à une destination convenue. Or une telle obligation résiste *vi sua* à toute négociabilité. Tout ce qu'elle emporte, c'est que l'exécution en peut être exigée en vertu d'un mandat séparé ou d'un endossement valant mandat d'exiger et de recevoir le chargé et d'en payer le frêt.

En transmettant le connaissement par la voie de l'ordre ou d'une autre manière, on ne négocie, c'est-à-dire on ne vend pas plus le chargé qu'on ne

____

(1) Cassation, 1ᵉʳ mars 1843; 10 décembre 1846 ; 25 juillet 1849 ; 30 janvier 1850 ; 6 décembre 1852.

(1) Delamarre et Lepoitevin : *Traité du Contrat de commission*, t. 6, nᵒˢ 96 et suiv.

vend ni ne négocie le titre du chargé. C'est un ordre de livraison qu'on donne lequel, sous ce rapport, ne diffère en rien des ordres de livraison donnés en matière de vente; et, autre chose est la vente, autre chose la livraison.

Il est donc contre l'essence du connaissement, en tant qu'il concerne la marchandise, d'être assimilé à un effet commerçable, et, contre la nature de son endos, d'y exprimer une valeur fournie. Le mandat ne se parfait qu'au moment où il est accepté, et, par suite, les avances ne sont faites qu'après sa réception. Comment énoncer le reçu d'une valeur qui n'a pas encore été fournie? d'ailleurs pourquoi le connaissement seul et non les ordres de livraison serait il régi par les art. 137 et 138 du Code de commerce? »

Cette seconde opinion nous semble préférable comme se conformant le mieux au véritable état des choses, et la Cour de Cassation nous paraît avoir été trop loin dans l'application qu'elle a faite de l'endossement aux connaissements. En effet, il ne s'agit pas ici d'un endossement tendant à opérer la cession d'effets de commerce et pour lequel seul l'art. 137 est applicable, mais d'un simple ordre de livraison entre les mains du porteur du connaissement. L'endossement n'a ici d'autre effet que de faire mettre à la disposition du créancier gagiste la marchandise actuellement en cours de navigation. Il n'est donc pas nécessaire que l'endossement du connaissement à ordre mentionne la valeur fournie, mais, comme l'a décidé la Chambre des requêtes, le créancier gagiste, porteur d'un endossement n'énonçant pas la valeur fournie, devra, pour opposer son privilége à la masse des créanciers de son débiteur tombé en faillite, fournir la preuve de cette valeur.

Tout ce qui vient d'être dit du connaissement s'applique exactement à la lettre de voiture à ordre. Si ces actes sont au porteur, rien de plus simple que de les transmettre à titre de nantissement; on fera alors l'application des règles relatives aux titres au porteur. Sont-ils à personne dénommée, l'endossement consenti par cette personne ne vaudra incontestablement que comme simple mandat, jamais comme transport de la propriété; le porteur se verra opposer par conséquent toutes les exceptions opposables au mandant. Ce mandat pourra du reste être donné n'importe comment, dans n'importe quelle partie de l'acte et non plus seulement dans la forme d'un endossement.

Les innovations de la loi de 1863 ne portent pas seulement sur la constitution du gage commercial mais aussi sur sa réalisation. Le but de cette loi n'aurait en effet pas été atteint si, en simplifiant les formalités constitutives du contrat qui nous occupe, elle n'avait pas en même temps apporté de grandes facilités aux moyens d'en poursuivre l'exécution. Avant la promulgation de la nouvelle loi, la réalisation du gage commercial était régie, ainsi que nous l'avons déjà dit, par les règles du droit civil. Le législateur de 1804, assurément trop préoccupé de veiller aux intérêts du débiteur, n'avait pas prévu que la protection exagérée dont il entourait ce débiteur ne manquerait pas de se retourner contre lui. Les frais de justice nécessaires pour arriver à un payement lent et difficile, absorbant souvent une notable partie de la valeur de l'objet engagé, le créancier était exposé à perdre une partie de l'argent qu'il avait avancé. Tel est, il faut en convenir, le grave inconvénient du système établi par l'art. 2078 du Code Civil; c'est là ce qu'il importait de faire disparaître du droit commercial tout en entourant d'une protection suffisante les droits des débiteurs. Les rédacteurs de la loi de 1863 surent atteindre un pareil but dans le § 1 de l'art. 93 ainsi conçu : « à défaut de payement à l'échéance, » le créancier peut, huit jours après une simple si- » gnification faite au débiteur et au tiers bailleur du » gage, s'il y en a un, faire procéder à la vente pu- » blique des objets donnés en gage. »

« Cette disposition, disait le projet de loi, abroge, en ce qui touche le gage commercial, l'art. 2078 du Code civil, aux termes duquel le créancier gagiste est obligé de recourir aux tribunaux pour exécuter le gage, s'il n'est pas payé à l'échéance. La disposition que nous proposons de généraliser est empruntée à la loi sur les warrants : tout créancier gagiste porteur d'un warrant endossé à son profit, est en possession du droit de faire exécuter le gage par vente publique, sans autorisation de justice, et huit jours après une signification au débiteur (art. 7 de la loi du 28 mai 1858). Quelle raison sérieuse y aurait-il pour ne pas généraliser cette disposition et l'appliquer à tous les contrats de gage faits par un commerçant ! »

L'art. 93 a donc gravement innové en permettant au créancier, à défaut de payement à l'échéance, de faire procéder, sans autorisation de justice, à la réalisation du gage, huit jours après une simple signification faite au débiteur et au tiers bailleur du gage s'il y en a un. La disposition nouvelle ne fut d'ailleurs pas admise sans discussion, car, si tout le monde était d'accord pour retrancher du gage commercial l'application de l'art. 2078, on ne l'était pas de même sur les moyens à adopter pour remplacer cette application. M. Dalloz proposait un amendement ayant pour objet de porter à un mois au lieu de huit jours le délai qui doit suivre la signification et précéder la vente. Mais comme le fit avec beaucoup d'à-propos observer le rapporteur de la commission, on retombait de cette manière dans les lenteurs que l'on voulait éviter pour la réalisation du gage; d'ailleurs ce délai de huit jours n'avait-il pas, dans la loi de 1858, un précédent capable de rassurer sur ses effets. D'autres auraient voulu le maintien de l'intervention de la justice dans la personne du président du tribunal de commerce, ou à son défaut, du juge de paix, pour autoriser la vente. Cette autorisation aurait eu lieu par une ordonnance sur requête. Mais ce système, un peu plus simple il est vrai que celui établi par l'art. 2078, n'apportait pas une amélioration bien sensible à l'ancienne manière de procéder.

La proposition de la commission, telle qu'elle est formulée par le § 1 de l'art. 93, faisait au contraire une large part aux besoins de réformes tout en protégeant dans une juste mesure les droits et les intérêts du débiteur. Le délai de huitaine qui suit la signification faite au débiteur après l'échéance est en effet bien suffisant pour lui permettre de trouver, s'il peut encore le faire, les ressources qui devront empêcher la vente du gage. D'autre part, l'obligation de vendre publiquement ce gage permet de supposer qu'il atteindra toute sa valeur. Ce projet, conciliant autant que possible tous les intérêts, fut adopté comme il devait l'être.

Le § 2 de l'art. 93 nous indique de quelle manière le gage devra être vendu : « Les ventes autres que
» celles dont les agents de change peuvent seuls être
» chargés sont faites par le ministère de courtiers.
» Toutefois, sur la requête des parties, le président
» du tribunal de commerce peut désigner, pour y
» procéder, une autre classe d'officiers publics. Dans
» ce cas, l'officier public, quel qu'il soit, chargé de
» la vente, est soumis aux dispositions qui régissent
» les courtiers, relativement aux formes, aux tarifs
» et à la responsabilité. »

Il faut distinguer, d'après ce § 2, les ventes dont le monopole appartient aux agents de change, de celles qui sont faites par l'entremise des courtiers de commerce. Les premières présupposent nécessairement que le gage consiste en effets publics ou autres valeurs cotées à la Bourse, ou susceptibles de l'être ; ce sont donc les valeurs d'États, les actions et obligations des chemins de fer, les actions des sociétés financières et industrielles. L'art. 76 du Code de commerce, confirmant un arrêté du 24 septembre 1824 et un autre du 27 prairial an X, réserve aux agents de change constitués de la manière prescrite par la loi la négociation des effets publics et autres susceptibles d'être cotés. L'obligation de vendre publiquement imposée par l'art. 93 est de plus complétement remplie car la négociation des valeurs dont il s'agit se fait à la Bourse, donc avec toutes les conditions désirables de publicité.

Quant aux autres ventes, elles sont faites par le ministère des courtiers. Les courtiers, de même que les agents de change, sont des intermédiaires, des médiateurs entre les parties qui seules contractent ; ils ne diffèrent que par l'espèce de négociations dans lesquelles ils s'entremettent. Ce sont, comme eux, des officiers publics, et ils jouissent d'un monopole ; toutefois, depuis la loi du 18 juillet 1866, le privilége des courtiers de marchandises a été supprimé ; la profession de courtier en marchandises est libre, toute personne peut l'exercer (1). On distingue cependant encore les courtiers *inscrits* de ceux qui ne le sont pas, les premiers sont soumis à une certaine discipline dont les seconds sont affranchis, ils ont

(1) Rivière, *Répetit. écrites*, p. 182

de plus certaines attributions spéciales que les autres n'ont pas et notamment le droit de procéder aux ventes publiques de marchandises aux enchères dans les divers cas prévus par la loi.

Ce sera donc un courtier inscrit qui sera chargé de la vente des marchandises engagées. Toutefois, comme le dit la loi, le ministère des courtiers n'est pas de rigueur; sur la requête des parties, le président du tribunal de commerce pourra désigner, pour procéder à la vente, une autre classe d'officiers publics.

Les parties pourront donc s'adresser à un notaire à un commissaire-priseur lorsqu'elles penseront avoir intérêt à le faire. Si la loi a cru devoir désigner spécialement les courtiers pour la vente du gage consistant en marchandises, c'est qu'on a pensé « qu'il y aurait avantage à employer le courtier qui est plus compétent dans ces sortes de vente, et dont le ministère est d'ailleurs moins coûteux que celui des officiers publics. » Il faudra du reste nécessairement s'adresser aux officiers publics ordinaires quand il n'y aura pas de courtiers dans la localité où devra s'effectuer la vente.

Restreindre autant que possible les frais de vente telle a donc été la pensée du législateur; aussi le § 2 de notre art. 93 déclare-t-il expressément, pour le cas où cette vente ne serait pas faite par un courtier que l'officier public, quel qu'il soit, qui en sera chargé, devra se soumettre aux dispositions régissant les courtiers, relativement aux formes, aux tarifs et à la responsabilité. Aux formes, c'est-à-dire que l'officier public, désigné par le président du tribunal en remplacement du courtier, devra se conformer aux art. 21 et 22 du décret du 12 mars 1859 prescrivant l'apposition d'affiches et la rédaction d'un catalogue des marchandises à vendre. Il aura de plus à observer le décret du 4 septembre 1863 fixant à 100 francs le minimum de la valeur des lots pour la vente des marchandises engagées.

Aux tarifs, ainsi les honoraires perçus par les commissaires-priseurs peuvent atteindre 7 et 8 0/0, tandis qu'il n'est alloué aux courtiers que 50 cent. à 1 fr. 50 0/0 du montant du prix de vente.

Pour tout ce qui concerne la procédure nécessaire à la réalisation du gage et pour les frais qu'elle occasionne, le § 3 de notre article 93 nous renyoie aux dispositions des articles 2 à 7 inclusivement de la loi du 28 mai 1858 sur les ventes publiques. Ainsi, ces droits de courtage, variables comme nous venons de le montrer, sont fixés pour chaque localité par le ministre du commerce, après avis de la chambre et du tribunal de commerce.

La dernière partie de notre art. 93 reproduit littéralement le § 2 de l'art. 2078 du Code civil qui prononce l'abolition du pacte commissoire. Nous n'avons pas à revenir sur cette disposition qu'il était tout aussi urgent de reproduire en matière commerciale qu'en droit civil; nous renvoyons donc, pour ce qui la concerne, à ce qui en a été dit précédemment.

Il est incontestable que les parties pourraient

convenir qu'à défaut de payement à l'échéance, le délai de huitaine, indiqué par la loi comme étant celui après lequel le gage peut être exécuté, serait remplacé par un délai plus long ; un créancier a toujours le droit d'adoucir la situation de son débiteur. Mais il leur serait au contraire formellement interdit de faciliter, plus que ne l'a fait la loi, la réalisation du gage, et d'avancer par exemple l'époque de la vente.

Nous ne reviendrons pas non plus sur le caractère particulier de la possession du créancier gagiste, ni sur les obligations réciproques que cette possession fait naître entre les parties. Ainsi qu'il a été déjà dit, le législateur de 1863 n'avait à s'occuper des règles dérogatoires au droit commun, et à renvoyer, pour le reste, aux principes généraux et déjà connus du droit civil.

On se rappelle que nous avons distingué trois périodes dans l'historique de la législation qui a régi le nantissement commercial ; la seconde de ces périodes, avons-nous dit, vit se détendre successivement en faveur de certaines institutions privilégiées, le formalisme rigoureux qui caractérisait la première. De ces institutions, la plus importante au point de vue des effets qu'elle produisit sur la destinée du contrat de gage en matière commerciale, fut sans contredit celle des Magasins généraux ; c'est d'elle, par conséquent, que nous avons maintenant à nous occuper.

DES DOCKS OU MAGASINS GÉNÉRAUX

(Loi du 28 mai 1858.)

Le mécanisme de l'institution des Magasins généraux nous présente l'application la plus fréquente et la plus pratique du contrat de nantissement en matière commerciale; à ce titre, il est indispensable, pour compléter notre étude des sûretés mobilières, d'en faire connaître le fonctionnement. La création de ces établissements a beaucoup contribué en France au développement du commerce et de l'industrie, car à côté du crédit personnel qui existait à peu près seul jusqu'alors, l'institution dont nous allons nous occuper, a organisé et créé en quelque sorte un nouveau moyen de crédit non moins puissant, à savoir le crédit de la marchandise.

Les Magasins généraux existaient depuis bien longtemps en Angleterre avant que nous ayons seulement songé à en établir en France, malgré l'immense impulsion qu'ils avaient donnée au commerce de nos voisins. Ils y sont connus sous le nom de *docks* (bassins remplis d'eau), parce que ces magasins sont élevés sur le bord de bassins à flot, pour que les marchandises puissent y être renfermées à mesure qu'on les débarque. L'institution des Magasins généraux, également introduite en Hollande d'abord, en Allemagne ensuite, semblait devoir rester toujours inconnue à la France, lorsqu'elle s'y imposa en quelque sorte par la force des choses à la suite de la crise commerciale qui suivit les événements de 1848. A cette époque, l'écoulement des marchandises s'était subitement ralenti, bien que le chiffre de la production fût demeuré le même; l'encombrement qui en fut la conséquence occasionna sur tous les produits une baisse d'autant plus considérable que les besoins d'argent existaient comme par le passé. Pour y faire face, au lieu de vendre la marchandise, opération qui aurait été alors souvent impossible et toujours ruineuse, on imagina de la donner en gage. Le Gouvernement provisoire, s'efforçant de conjurer les dangers qu'une telle situation faisait naître, conçut l'idée d'établir chez nous des magasins publics, à l'imitation de ceux qui existaient en Angleterre; ces magasins furent établis d'urgence par décret du 21 mars 1848, lequel fut bientôt après confirmé et complété par un arrêté du ministre des finances en date du 26 du même mois et par une loi de l'Assemblée constituante des 23-26 août 1848.

Les Magasins généraux étaient fondés; mais leur fonctionnement, comme on peut le voir facilement à la lecture des actes législatifs que nous venons d'indiquer, était loin d'être parfait. Le législateur de 1848, au lieu de suivre hardiment la voie qu'il avait ouverte en adoptant le système anglais, entoura la nouvelle institution de formalités gênantes propres à entraver son développement. Ajoutons cependant qu'elle n'en rendit·pas moins de grands services et qu'elle épargna très-certainement au commerce français un désastre qui paraissait imminent.

Nous n'insisterons donc pas sur l'organisation des magasins généraux telle qu'elle fût en vigueur à l'époque de leur fondation; cette organisation devait être en effet complètement remaniée par la loi du 28 mai 1858 et un décret réglementaire du 12 mars 1859, lesquels, abrogeant toutes les dispositions antérieures relatives à la matière, ont fait droit aux légitimes réclamations motivées par l'imperfection du système primitif.

Cette loi du 28 mai 1858 se compose de quinze articles renfermant des explications très-claires et très-détaillées sur les négociations concernant les marchandises déposées dans les magasins généraux.

« Les magasins généraux, dit l'art. 1, établis en vertu du décret du 21 mars 1848, et ceux qui seront créés à l'avenir, recevront les matières premières, les marchandises et les objets fabriqués que les négociants et industriels voudront y déposer.

Des récépissés délivrés aux déposants énoncent leur nom, profession et domicile, ainsi que la nature de la marchandise déposée et les indications propres à en établir l'identité et à en déterminer la valeur. »

Art. 2 « A chaque récépissé de marchandises est annéxé, sous la dénomination de warrant, un bulletin de gage contenant les mêmes indications que le récépissé. »

Art. 3. « Les récépissés et les warrants peuvent être transférés par voie d'endossement ensemble ou séparément. »

Ajoutons enfin que d'après l'art. 13 du décret du 12 mars 1859, les récépissés des marchandises et les warrants y annéxés sont extraits d'un registre à souche.

L'utilité des magasins généraux , comme cela résulte des premiers articles de la loi de 1858, se manifeste donc à trois points de vue différents qu'il importe de commencer par faire ressortir. Et d'abord, ils sont un lieu de garde et de dépôt pour les marchandises, matières premières et objets fabriqués qui leur sont confiés; ils évitent aux négociants les embarras de la réception des marchandises, du déchargement et du soin de les emmagasiner, ils se chargent du règlement de l'octroi. L'administration du magasin général répond envers les déposants des pertes ou détériorations qui pourraient survenir dans le magasin, ainsi qu'il a été jugé par le tribunal de la Seine et la cour de Paris (1).

Une marchandise, comme on le sait, peut être

_____

(1) Tribun. de la Seine, 12 mars 1862; Cour d'appel, 27 juin 1862.

l'objet de ventes successives, de transmissions nombreuses, avant de parvenir entre les mains du consommateur; or, la seconde utilité des magasins généraux c'est que, par leur entremise, chacune de ces ventes, de ces livraisons successives de la marchandise pourra se faire sans qu'il y ait déplacement, manutention et par conséquent sans dépenses et sans avaries à craindre. Lorsqu'en effet un négociant dépose une marchandise dans un magasin général, on lui délivre, comme le prescrit l'article premier de la loi, un récépissé détaché d'un registre à souche; cette pièce permet non-seulement au déposant d'établir que la marchandise lui appartient, elle lui permettra de plus d'en disposer aussi facilement que s'il la possédait. Ce récépissé, dont le magasin a conservé un double, et qui constate que telle personne y a déposé tel objet, est à ordre, c'est à-dire que le magasin rendra cet objet quand et à qui bon semblera au déposant. Ce récépissé à ordre permet donc à celui qui en est porteur de se faire immédiatement délivrer la marchandise par le magasin général. Si donc, après avoir ainsi confié une marchandise au magasin on veut ensuite la vendre, il suffit de remettre à l'acheteur le titre à ordre dont nous venons de parler, en écrivant au dos de ce titre : *livrez à l'ordre de......*, en substituant le nom du cessionnaire à celui du cédant, avec la signature du cédant. Tous les vendeurs successifs pourront faire de même.

Le magasin général, on le voit, n'est donc qu'un

dépositaire qui possède pour le compte de tout porteur légitime du récépissé ; de là une grande mobi-
lisation des marchandises sans frais ni déchets
d'aucune espèce.

Le troisième et assurément le plus grand avantage des magasins généraux, puisque c'est à lui que
nous devons de les connaitre en France, c'est de
permettre d'engager également sans la déplacer la
marchandise déposée. Soit, par exemple, une marchandise valant au cours actuel 9,000 francs, il est
présumable qu'on trouvera facilement à emprunter
7,000 francs en la donnant en gage. Mais pour constituer valablement un gage, il faut, nous le savons,
que la possession de ce gage soit et reste entre les
mains du créancier ou tout au moins d'un tiers convenu entre les parties. Or, cette condition ne sera
pas facile à remplir, quand il s'agira de marchandises d'un grand volume ; le banquier qui prêtera
l'argent se souciera peu, on le conçoit, de conserver
chez lui des fers, de la houille, des cotons. Ce sera
donc le magasin général qui détiendra pour le
compte du créancier-gagiste et qui remplira le rôle
du tiers convenu entre les parties dont il est question dans les articles 2076 du Code civil et 92 du
Code de commerce. Voici comment on procédera :
lorsque celui qui se dispose à emprunter a déposé sa
marchandise an magasin général, l'administration
du magasin lui a remis, avons-nous dit, en échange
de sa marchandise, un récépissé à ordre constatant
sa propriété ; or, au bas de ce récépissé, et sur la

même feuille, se trouve un autre titre nommé *war-rant* ou bulletin de gage, également à ordre, et qui reproduit exactement les énonciation comprises dans le récépissé ; mais au lieu d'être, comme ce dernier, un instrument de vente pour la marchandise déposée, il servira à la donner en gage. Or, que fera de ce double titre réuni sur la même feuille, de ce titre à deux compartiments, le propriétaire de la marchandise qui cherche à emprunter sur elle? il remettra au banquier comme garantie, suivant l'exemple ci-dessus, des 7,000 francs qu'il emprunte, le warrant préalablement détaché du récépissé en l'endossant de la manière suivante : « Bon pour « transfert du présent warrant à l'ordre de M....., « banquier, demeurant à....., d'une somme de « 7,000 francs et des intérêts de ladite somme, paya- « ble le..... » Signature et date.

Tel est l'objet de l'art. 4 de la loi : « L'endosse-ment du warrant séparé du récépissé vaut nantis-sement de la marchandise au profit du cessionnaire du warrant ». Ce warrant ainsi endossé et remis au prêteur a donc pour lui la valeur d'un billet à ordre *gagé*, c'est-à-dire garanti par un gage déposé dans les Magasins généraux.

La formule de l'endossement du warrant que nous venons de reproduire nous a déjà fait connaître les diverses énonciations que cet endossement devait renfermer. Il faudra de plus, comme il résulte de la dernière disposition de l'art. 5, que le premier cessionnaire du warrant fasse immédiatement transcrire, sur les registres du magasin général, la mention que le warrant a été détaché à son profit et pour lui garantir une somme de 7,000 fr. avec les intérêts produits par cette somme jusqu'à son échéance. Cette seconde formalité est essentielle, d'une importance capitale, comme nous aurons à le constater un peu plus loin. La jurisprudence n'a pas hésité à décider que le privilège du cessionnaire du warrant n'existait qu'a condition que la transcription du premier endossement ait été faite (1) ; aussi devons-nous admettre avec elle que si les marchandises ont été frappées de saisie-arrêt avant cette transcription, le porteur du warrant n'aura droit sur elles à aucun privilège. Ajoutons qu'il devra être mentionné sur le warrant que cette transcription a été faite.

Le récépissé et le warrant peuvent être transférés, avons-nous dit, par voie d'endossement, ensemble ou séparément. La première hypothèse ne présente aucune difficulté ; elle suppose que celui qui a déposé ses marchandises dans le magasin général les a vendues, sans qu'elles aient jamais été grevées par lui d'aucun engagement ; dans ce cas, il remettra à son acheteur, en l'endossant, le titre complet, warrant et récépissé, et par cet endossement la propriété de la marchandise passe purement et simplement de la tête du vendeur sur celle de l'acheteur.

(1) Paris, 1er décembre 1866 (Sirey, 67, 2, 65).

La seconde hypothèse, au contraire, se présente lorsque le déposant après avoir emprunté sur sa marchandise, aura transféré par endossement au prêteur le warrant séparé du récépissé. Veut-il vendre maintenant cette marchandise qu'il a déjà engagée? il transférera à l'acheteur le récépissé qu'il a conservé, et cet acheteur en deviendra propriétaire mais à condition de payer au porteur du warrant, comme nous l'expliquerons un peu plus loin, le montant de la créance garantie.

Comme nous le dit l'*Exposé des motifs*, l'endossement du récépissé ne transfère pas toujours la propriété de la marchandise : « Le récépissé doit
» pouvoir être transféré à un autre titre qu'à titre
» de vente, et par exemple à titre de mandat pour
» vendre ou pour retirer la marchandise. Il faut
» donc laisser toute latitude à cet égard au proprié-
» taire du récépissé; et, en conséquence il suffit,
» comme le dit à dessein l'article 4, que l'endosse-
» ment du récépissé confère à celui à qui il est trans-
» féré *le droit de disposer de la marchandise*; en
» d'autres termes qu'il équivale, en langage com-
» mercial, à un *ordre de livraison*.

» A quel titre le cessionnaire du récépissé pour-
» ra-t-il disposer? c'est ce que dira le contrat
» prééxistant à l'endossement, dont l'endossement
» n'est que l'exécution, et dont les conditions qui
» peuvent être très variées, ne pourraient pas
» trouver place dans l'endossement lui-même, sous
» peine de le compliquer beaucoup, et même de por-

» ter un certain préjudice au cédant, qui peut avoir
» intérêt à ce que ses arrangements avec son ces-
» sionnaire ne soit pas connus. »

Nous avons maintenant à rechercher ce que de-
viennent le warrant et le récépissé, ainsi séparés
l'un de l'autre ; mais auparavant il n'est pas inutile
d'examiner les caractères essentiels de ces deux titres et de se demander si, transmissibles par la voie
de l'endossement, ils ne doivent pas être considérés
comme de véritables effets de commerce, comme
les lettres de change ou toutes autres valeurs négociables. La solution de cette question est d'une
grande importance. En effet, aux termes de l'article
446 du Code de commerce « sont nuls lorsqu'ils au-
» ront été faits par le débiteur depuis l'époque dé-
» terminée par le tribunal comme étant celle de la
» cessation de ses paiements; ou dans les dix jours
» qui auront précédé cette époque, tous paiements
» pour dettes échues, faits *autrement qu'en espèces*
» *ou effets de commerce*. » Les dettes échues peuvent donc, même dans la période de cessation des
paiements, être acquittées, mais en espèces ou en
effets de commerce seulement. Or, si l'on décide
que le warrant et le récépissé ne sont rien autre
chose que des effets de commerce ordinaires, tout
paiement d'une dette échue fait avec ces titres dans
la période qui nous occupe, sera valable; dans le
cas contraire, il sera nul. Et d'abord, quant au
warrant, il n'est pas douteux qu'il doive être assimilé à un effet de commerce ordinaire; comme lui,

il peut en effet être protesté ; comme lui, il donne lieu à des recours contre l'emprunteur et les endosseurs. L'art. 11 de la loi de 1858 ne les distingue pas l'un de l'autre quand il décide que les établissements publics de crédit peuvent recevoir les warrants comme effets de commerce, avec dispense d'une des signatures exigées par leurs statuts. Les Comptoirs d'escompte peuvent donc les recevoir avec une seule signature, la Banque de France avec deux signatures. La pensée du législateur de 1858 sur la nature et les caractères du warrant est donc bien positive ; il a considéré ce titre comme un véritable instrument de crédit, comme une monnaie commerciale représentative de la somme prêtée sur la marchandise et garantie par elle.

Quant au récépissé, la question est moins certaine ; contrairement à un jugement du tribunal de commerce de Paris, la Cour d'appel avait décidé que le tiers porteur de bonne foi d'un récépissé n'était pas passible des exceptions opposables à l'endosseur par le véritable propriétaire de la marchandise ou par les créanciers de la faillite (1). Or, la doctrine de la Cour n'étant pas autre chose que l'application du principe bien constant que le tiers porteur d'effets de commerce, lorsqu'il est de bonne foi, n'est pas passible des exceptions opposables au souscripteur, cette doctrine équivaut à l'assimila-

(1) Paris, 31 décembre 1801. — J. P., 1802, p. 182.

tion pure et simple du récépissé à la lettre de change ou au billet à ordre. L'endossement régulier du récépissé des marchandises est translatif vis-à-vis des tiers du droit d'en disposer; or, dit-on dans cette doctrine, l'endossement d'un effet de commerce ordinaire étant également translatif des droits que cet effet représente, il ne saurait y avoir de différence entre la nature de ces deux titres.

Ces raisons sont-elles décisives? on peut en douter, car de ce qu'un effet est transmissible par endossement, il ne s'en suit pas qu'il doive toujours être assimilé, par cela seul, à un effet de commerce. Qu'il en soit ainsi de l'endossement du warrant, rien de plus juste, puisqu'il transporte au bénéficiaire de cet endossement et contre le déposant une créance en deniers, garantie par le warrant; ce titre est donc un véritable instrument de crédit. Le récépissé au contraire, comme l'a parfaitement fait remarquer la Cour de Lyon (1), confirmant un jugement du tribunal de commerce de cette ville, est un véritable instrument de vente, destiné à transférer la propriété des marchandises ou le droit d'en disposer; sa remise par le déposant à son créancier n'est donc pas autre chose qu'un payement en nature. Or, comment pourrait-on prétendre que le caractère essentiel de ce récépissé soit modifié par la faculté accordée par la loi de transférer ce titre par

____

(1) Lyon, 27 février 1833 (Dalloz, 68, 2, 70.)

voie d'endossement, alors que ce mode de transmission s'applique à un grand nombre d'autres titres ou valeurs également déclaratifs du droit de propriété, tels que la lettre de voiture ou le connaissement, titres qu'on n'a jamais eu la pensée d'assimiler à des effets de commerce.

Ainsi donc, tandis que l'effet de commerce confère un droit direct sur une somme d'argent, somme garantie par un gage quand cet effet est un warrant, la remise du récépissé seul, ou du récépissé dont le warrant n'a pas encore été détaché, n'est en réalité qu'*un payement en marchandises* et non en effets de commerce; or ce payement n'est pas valable quand il a été fait dans la période prévue par l'art. 446 du Code de commerce.

Le § 3 de l'art. 5 exige, comme on sait, que la transcription de l'endossement du warrant soit immédiatement faite sur les registres du Magasin avec les énonciations dont il est accompagné; la loi de 1858 ne parlant de cette condition que pour l'endossement du warrant, nous pensons qu'elle ne devra pas être étendue à celui du récépissé, bien qu'elle fût aussi imposée pour l'endossement de ce dernier par le décret du 21 mars 1848. L'art. 5 de la loi de 1858 énumère les différentes énonciations que doit contenir l'endossement du warrant; elles nous sont déjà connues par la formule de cet endossement que nous avons précédemment donnée. « L'endossement du récépissé et du warrant, » dit cet article 5, transférés ensemble ou séparé-

« ment doit être daté. L'endossement du warrant
» séparé du récépissé doit, en outre, énoncer le mon-
» tant intégral, en capital et intérêts, de la créance
» garantie, la date de son échéance, et les nom,
» profession et domicile du créancier. »

L'endossement du warrant, comme on le voit par
ce qui précède, est donc soumis aux mêmes formalités intrinsèques que celles que l'art. 137 du Code
de commerce impose à l'endossement des effets de
commerce; comme l'exige ce dernier article, il devra
donc être daté, exprimer la valeur fournie et indiquer le nom de celui à l'ordre de qui il est passé. Il
est tout naturel qu'il en soit ainsi puisque le warrant est un effet de commerce ordinaire, ne diffé-
rant en rien de la lettre de change ou du billet à
ordre. Ajoutons donc que conformément à l'article 138 du Code de commerce, si l'endossement ne
renferme pas les énonciations exigées, il n'opère pas
le transport et ne vaut que comme procuration. La
constitution de gage produite par l'endossement du
warrant rendait d'ailleurs indispensables les diverses énonciations exigées par l'art. 5, car, comme
l'indique l'Exposé des motifs : « L'endossement du
» warrant, endossé séparément du récépissé, a tous
» les effets d'un acte de nantissement. Il doit donc
» contenir toutes les énonciations essentielles qui
» devraient se trouver dans l'acte de nantissement
» s'il avait lieu séparément, savoir : le montant de
» la créance garantie, la date de son échéance et
» les nom, profession et domicile du créancier. »

Pour l'endossement du récépissé au contraire, la date de cet endossement est seule nécessaire. » La » loi a jugé utile, dit M. Alauzet, de régler la forme » de l'endossement des warrants et des récépissés; » la loi spéciale a parlé et peut seule être invoquée : » pour les récépissés elle ne.pose qu'une condition, » c'est que l'endossement soit daté. » L'endossement du récépissé étant, comme on le sait, une véritable vente, il est facile de comprendre l'importance que pourra présenter la fixation précise de sa date ; elle permettra de savoir si les parties étaient capables ou non au moment du contrat, ou bien encore si cet endossement n'aurait pas été fait pendant la période de déclaration de faillite. Il va de soi que l'endossement du récépissé devra indiquer. le nom du cessionnaire pour que le Magasin général puisse remettre la marchandise à celui qui l'a achetée au déposant.

Remarquons également que l'endossement du warrant seul devra être transcrit sur les registres du Magasin, et que cette formalité n'est imposée qu'au premier cessionnaire de ce warrant. » La for» malité de la transcription n'aura lieu qu'une fois » dit l'Exposé des motifs; les raisons qui la font » demander pour le premier endossement n'existent » plus pour les endossements ultérieurs. Tan» disque le premier endossement constitue l'acte » de nantissement, ceux qui suivent ne sont plus » que des transferts du bénéfice de cet acte à des » cessionnaires successifs, et entre leurs mains le

» bulletin est une sorte d'effet de commerce avec
» privilége sur certaines valeurs, qui circule comme
» tout autre effet de commerce. »

Maintenant que nous connaissons la nature juridique du warrant et du récépissé, il nous sera plus facile d'étudier les effets qu'ils produisent, après que la séparation, le divorce pour ainsi dire, de ces deux titres aura été accompli. Et d'abord, quelle utilité retirera de son titre le cessionnaire du récépissé? Ce récépissé lui servira à établir son droit de propriété sur la marchandise déposée, avec cette réserve que, lorsque le warrant en aura été détaché, comme nous le supposons, ce sera un droit de propriété diminué de toute l'étendue du droit de gage conféré au prêteur, ce sera un droit de propriété *salvo jure pignoris*. La propriété du cessionnaire ne serait complète, intégrale; que si le récépissé et le warrant lui avaient été simultanément endossés.

Le porteur du récépissé pourra donc toujours se faire délivrer la marchandise que ce récépissé représente, mais à condition de verser tout d'abord à la caisse du magasin général le montant du premier endossement porté au dos du warrant. Voilà pourquoi il est si essentiel que le magasin général connaisse le montant du premier endossement, montant que le premier cessionnaire du warrant a dû lui faire connaître quand, au moment même où le bulletin de gage a été détaché, il a fait transcrire sur les registres du magasin l'endossement fait à son profit.

Une seconde utilité du récépissé détaché du warrant sera de permettre au propriétaire de la marchandise déposée et engagée, nous l'avons supposé plus haut, pour une somme de 7,000 francs, de la vendre aussitôt que se présentera une occasion favorable; soit 9,000 francs le prix de vente. L'acheteur, en recevant le récépissé endossé à son ordre et constatant qu'il est devenu propriétaire de la marchandise, s'apercevra immédiatement à l'absence du warrant, que cette marchandise a été donnée en nantissement. Pour garantie de quelle somme? C'est ce qu'il apprendra par les registres du magasin général lorsqu'il ira prendre livraison de cette marchandise. Il devra donc, avant qu'elle lui soit livrée, consigner à l'administration du magasin la somme de 7,000 francs avec les intérêts produits jusqu'au jour de l'échéance, et n'aura à payer à son vendeur que le surplus de cette somme. Le créancier gagiste, comme on le voit, ne souffre aucun préjudice de ce payement anticipé; l'acheteur devra nécessairement employer ce moyen lorsque le porteur du warrant lui sera inconnu, ou bien lorsque le connaissant, il ne s'accorde pas avec lui sur les conditions auxquelles aura lieu l'anticipation de payement. Tout cela, du reste, est parfaitement expliqué par l'article 6. Ajoutons que souvent le récépissé lui-même contiendra mention de la somme pour laquelle le warrant a été détaché.

Supposons maintenant que le déposant n'ayant

pas trouvé pour vendre sa marchandise une occasion favorable, en soit resté propriétaire et qu'il se presente au magasin général pour la retirer. Il ne la trouve plus, parce que l'échéance de la dette est arrivée, et que son créancier gagiste l'a fait vendre; soit 9,000 francs, le prix atteint par cette vente. Mais le warrant, nous le savons, n'a été détaché que pour garantie d'une somme de 7,000 francs et des intérêts de cette somme jusqu'à l'échéance; c'est donc cette somme là seulement que le créancier gagiste aura pu prélever sur le prix de vente; le porteur du récépissé se fera donc remettre le surplus par le Magasin général.

Après avoir suivi le sort du récépissé, voyons à présent ce que devient le warrant séparé du récépissé. Ce warrant donné au créancier, constate l'engagement personnel de l'emprunteur et de tous les endosseurs successifs; il constate également que le Magasin général détient précairement la marchandise pour le compte du porteur. Soit donc l'échéance arrivée; le porteur légitime quelconque de ce warrant devra d'abord se présenter chez l'emprunteur qui joue ici le même rôle que le souscripteur d'un billet à ordre. Si cet emprunteur est en mesure de s'acquitter, le warrant lui sera rendu; dans le cas contraire, le porteur du warrant exécutera le gage en se conformant aux dispositions comprises dans les articles 7 à 11 de la loi de 1858. « A défaut de payement à l'échéance, dit » l'art. 7, le porteur du warrant séparé du récé-

» pissé peut, huit jours après le protêt, et sans au-
» cune formalité de justice, faire procéder à la
» vente publique aux enchères et en gros de la
» marchandise engagée, dans les formes et par les
» officiers publics indiqués par la loi du 28 mai
» 1858. Dans le cas où le souscripteur primitif du
» warrant l'a remboursé, il peut faire procéder à
» la vente de la marchandise, comme il est dit au
» paragraphe précédent, contre le porteur du récé-
» pissé, huit jours après l'échéance et sans qu'il
» soit besoin d'aucune mise en demeure. »

Ainsi donc, le porteur du warrant non remboursé devra faire exécuter le protêt le lendemain
même de l'échéance, sinon tous les endosseurs
seront libérés à l'exception du premier qui est
l'emprunteur et qui ne pourra pas plus opposer la
déchéance que ne pourrait le faire le souscripteur
d'un billet à ordre. L'art. 7 n'indique pas la manière dont le protêt doit être fait, il suffit de se
reporter à l'art. 162 du Code de commerce ; « le
» refus de payement doit être constaté, le lende-
» main du jour de l'échéance, par un acte que l'on
» nomme protêt faute de payement. — Si ce jour
» est un jour férié légal, le protêt est fait le jour
» suivant. » Le protêt étant fait, le porteur du
warrant devra alors, dans le délai d'un mois, se
rendre au Magasin général pour s'assurer si la
marchandise s'y trouve encore. Il est en effet fort
possible que le porteur du récépissé l'ait fait enlever; mais les droits du créancier gagiste seront en

pareil cas parfaitement sauvegardés puisque, comme nous le savons, l'enlèvement de cette marchandise n'aura pu être fait par le porteur du récépissé qu'après qu'il aura préalablement consigné dans la caisse du Magasin le montant de la somme prêtée avec les intérêts jusqu'au jour de l'échéance.

La marchandise au contraire se trouve-t-elle toujours dans le magasin, le porteur du warrant la fera vendre en se conformant aux règles de l'art. 7. La vente pourra donc se faire au plus tôt huit jours après le protêt; cette vente se fera aux enchères et en gros, par l'intermédiaire de courtiers et sans qu'il soit besoin d'autorisation de justice. Ce dernier point était une grande faveur en 1858, car à cette époque, la mise en vente du gage commercial ordinaire devait être autorisée par un jugement, conformément à la disposition de l'art. 2078 du civil, et celle des marchandises déposées dans les magasins généraux ne pouvait encore avoir lieu qu'à la suite d'une ordonnance du président du tribunal de commerce, rendue sur la production de l'acte de protêt, et prescrivant la vente de la marchandise aux enchères. Cette disposition de l'art. 7, entièrement exceptionnelle en 1858, est devenue de droit commun pour la réalisation du gage commercial depuis la loi du 23 mai 1863. Le porteur du warrant se payera donc, comme le dit l'art. 8 de la loi, sur le produit de la vente, directement et sans formalité de justice, par privilége et préférence à tous créanciers, sans autre déduction que celle des

contributions indirectes, des taxes d'octroi, de douanes, de frais de vente, de magasinage et autres frais
pour la conservation de la chose.

L'excédant du prix de vente sur la somme due
sera mis à la disposition du porteur de récépissé;
mais si le produit de la vente était au contraire insuffisant pour désintéresser le porteur du warrant,
celui-ci, conformément à l'art. 9, aura le droit
d'exercer un recours personnel contre l'emprunteur
et les endosseurs. Ce recours personnel ne peut
d'ailleurs jamais être que subsidiaire; le porteur du
warrant ne peut l'exercer qu'après avoir fait vendre
la marchandise et en cas d'insuffisance. De plus,
l'exercice de ce recours est encore soumis à la condition qu'on ait procédé à la vente dans le mois
qui suit la date du protêt. Le porteur du warrant,
pour conserver le droit d'agir contre les endosseurs,
devra donc avoir soin de mettre le gage en vente au
plus tôt huit jours après le protêt, au plus tard un
mois après ce même protêt. On ne pouvait tolérer
que le porteur du warrant, en ajournant trop
longtemps la vente, pût recourir indéfiniment contre les endosseurs dont il importe de fixer promp-
tement la situation.

L'art. 9 veut également que ce recours contre les
endosseurs ait lieu dans un bref délai et qui sera le
même que celui accordé au porteur d'une lettre de
change pour recourir contre les endosseurs successifs. Ce délai sera donc celui des art. 165 et suivants
du Code de commerce, c'est-à-dire de quinze jours

augmenté, quand il y aura lieu, des délais de distance. Mais, tandis qu'en matière de lettre de change ou de billet à ordre ce délai de quinzaine a pour point de départ la date du protêt, ici, il ne commencera à courir que du jour de la réalisation du gage, réalisation, nous venons de le dire, qui pourra être faite pendant un mois à dater du jour du protêt. Le porteur du warrant aura donc au maximum un délai de quarante cinq jours, à partir du protêt, pour exercer son action personnelle contre les endosseurs; mais il va de soi, que si la réalisation du gage avait lieu, par exemple, douze jours après le protêt, le délai de quinzaine pendant lequel sera possible le recours contre les endosseurs, commencerait à courir aussitôt la vente accomplie. Cette dérogation apportée par le § 2 de l'art. 9 à la règle de l'art. 165 du Code de commerce était nécessaire, puisque le recours personnel du porteur du warrant ne pouvant avoir lieu qu'après la vente, il pouvait arriver que cette vente ne fût pas effectuée dans la quinzaine du protêt, et que, par conséquent, le porteur du warrant ne sût pas s'il avait le droit de poursuivre les endosseurs.

Il résulte des termes du § 3 de l'art. 9 que la déchéance établie par cet article contre le porteur du warrant qui n'a pas exercé son action personnelle dans les délais voulus ne peut être invoquée que par les endosseurs et non par l'emprunteur. C'est qu'en effet, l'emprunteur n'est pas seulement tenu de sa dette sur la marchandise engagée, mais il en est encore tenu personnellement. Il n'en est pas de même des endosseurs qui ont déjà fourni la valeur à celui qui leur a cédé le warrant; le droit d'invoquer la déchéance les dispense simplement de payer deux fois, ils l'opposent non pas *de lucro captando*, comme le ferait l'emprunteur, mais simplement *de damno vitando*.

Par analogie avec l'art. 170 du Code de commerce, et en assimilant l'emprunteur au tireur d'une lettre de change, nous pensons que le porteur du warrant pourrait se voir opposer la déchéance de la part de l'emprunteur lui-même, si ce dernier justifiait qu'il y avait provision suffisante à l'échéance de la dette, c'est-à-dire que la marchandise, à ce moment, était suffisante pour le désintéresser et que la détérioration survenue postérieurement résulte de la négligence soit du porteur du warrant, soit du Magasin général lui-même.

L'art. 8 dispose que le porteur du warrant, une fois la vente faite, se fera payer, par privilége et préférence à tous créanciers, sur le produit de cette vente; il jouit de plus d'un droit de rétention qui lui permettra de s'opposer, tant qu'il n'aura pas été intégralement payé, à ce que les marchandises soient enlevées du Magasin. Nous n'avons pas à insister davantage sur ces droits du porteur du warrant qui n'est autre chose qu'un créancier gagiste et qui doit être traité en conséquence.

Les marchandises déposées dans les Magasins généraux sont habituellement assurées contre l'incendie ; en cas de sinistre, le porteur du warrant pourrait-il se faire payer sur l'indemnité d'assurance comme il aurait pu le faire sur le prix provenant de la vente de la marchandise elle-même ? On sait que le droit du créancier hypothécaire, quand la maison hypothéquée vient à brûler, n'est pas transféré sur la somme payée par la compagnie d'assurance, parce que cette somme ne représente pas la maison incendiée, mais bien plutôt les primes payées par le propriétaire à la compagnie ; aussi l'indemnité d'assurance est-elle répartie au marc le franc entre tous le créanciers, sans distinction. Il eut été logique d'appliquer ce principe à la matière des Magasins généraux, mais, dans l'intérêt des porteurs de warrants, l'article 10 de la loi a décid que le privilége du créancier gagiste s'exercerait sur l'indemnité payée par la compagnie d'assurance, comme il se serait exercé sur la marchandise elle-même.

Les dernières dispositions de la loi du 28 mai 1858 ne nous arrêteront pas ; ce sont en effet des dispositions de détail qu'il suffit d'indiquer et pour l'intelligence desquelles il n'est pas besoin de commentaires. L'art. 12 n'est que la reproduction de l'article 152 du Code de commerce ; il dispose que « celui qui a perdu un récépissé ou un warrant peut demander et obtenir, par ordonnance du juge, en justifiant de sa propriété et en donnant caution, un duplicata, s'il s'agit du récépissé ; le payement de la créance garantie, s'il s'agit du warrant. » Un warrant perdu ne pourrait donc être remplacé par un autre; le porteur ne peut qu'exiger immédiatement son payement. Le droit à la propriété du warrant ou du récépissé, quand ces titres auront été perdus, s'établira par les modes ordinaires de preuve en matière commerciale, tels qu'ils sont indiqués dans l'art. 109.

L'art. 14 soumet le warrant et le récépissé aux droits de timbre et d'enregistrement. Le récépissé, véritable titre de propriété, n'est assujetti comme tel qu'au simple droit fixe du timbre de dimension, droit réglé par l'art. 12 de la loi du 13 brumaire an VII. Quant au warrant, il ne peut être considéré comme effet de commerce qu'après son détachement du récépissé; il ne saurait donc, à partir de ce moment, échapper à l'impôt qui atteint tous les effets de commerce, c'est-à-dire au timbre proportionnel.

A l'égard des droits d'enregistrement, les titres dont nous nous occupons n'étant que des actes sous signature privée, ne peuvent par conséquent y être soumis que par exception, c'est-à-dire lorsqu'on voudra les employer soit dans un acte public, soit en justice, conformément à l'art. 23 de la loi du 22 frimaire an VII; dans ce cas, le récépissé, acte déclaratif de propriété, ne pourra être frappé que d'un droit fixe; le warrant au contraire, considéré et traité comme effet de commerce sera soumis à un droit proportionnel.

Il suffit de lire les articles 14 et 15 qui terminent

la loi de 1858 ; l'art. 15 abroge expressément toutes les dispositions antérieures relatives aux Magasins généraux en ce qu'elles ont de contraire à la présente loi.

Ainsi nous apparaît le mode de fonctionnement des Magasins généraux, tel qu'il a été organisé par la loi de 1858. Nous devons toutefois ajouter que, dans la pratique des affaires, le warrant est peu employé de la manière qui vient d'être indiquée. Lorsque, par exemple, le propriétaire de la cargaison d'un navire venant d'arriver au Hâvre veut la vendre, le plus souvent elle sera achetée à terme, et l'acquéreur la fera aussitôt déposer au Magasin général. Cet acquéreur détache alors le warrant et l'endosse à son propre vendeur en promettant de payer le montant du warrant au terme fixé. Le vendeur se rend alors à la succursale de la Banque de France où il fait escompter le warrant. La Banque n'escompte, on le sait, qu'à trois signatures et le warrant n'en contient que deux ; mais l'art. 11 de la loi de 1858 assimilant le gage à une signature, le warrant se trouve remplir les conditions requises pour pouvoir être escompté par la Banque de France.

Tel est le mode le plus habituel du fonctionnement du warrant, mais en fait on l'emploie peu et cela pour une raison de susceptibilité commerciale. Un négociant n'aime pas voir sa signature circuler sur un warrant, car cela permet de supposer qu'il n'a pu se procurer de l'argent qu'en offrant des garanties sur ses propres marchandises, et, en

général, ce n'est pas là le signe d'une solvabilité bien
sérieuse. Pour ces raisons, la loi du 28 mai 1858
n'a pu encore produire tous les résultats qu'on était
légitimement en droit d'attendre d'elle; aussi s'est-
on demandé en 1870 s'il ne serait pas possible de
créer des warrants anonymes; l'examen et l'étude
de cette question restent encore à faire.

Le nantissement par la remise de warrants permet de commettre facilement certaines fraudes qu'il
importe de signaler. C'est ce qui arrive lorsque le
récépissé ou le warrant mentionnent comme étant
d'une certaine valeur, d'une certaine espèce, la
marchandise déposée, tandis qu'en réalité c'est une
matière de rebut ou une marchandise avariée. A ce
propos, on s'est demandé si le Magasin général
devait vérifier l'énonciation et s'il en était responsable; un arrêt de la Cour de cassation (1) a décidé
que non, à moins toutefois que l'administration du
Magasin n'ait commis une de ces fautes lourdes
que la plus légère attention aurait pu lui faire éviter. Le Magasin général n'est en effet qu'un dépositaire salarié, ne recevant pas, comme tel, mandat
de vérifier très-attentivement la chose déposée.

En finissant, nous devons citer une loi du 31 août
1870 ayant pour but de faciliter la création des Magasins généraux. Jusqu'alors, un Magasin général
ne pouvait être établi que par un décret du Gouvernement et sous son contrôle; le ministre des

(1) Cassation, 69, 1, 374 (Sirey).

finances et celui du commerce ayant été consultés.
Le réglement d'administration publique du 12 mars
1859 soumettait de plus les exploitants à un cautionnement déterminé par l'acte d'autorisation. Désormais, un arrêté préfectoral remplacera valablement le décret du Gouvernement, la Chambre de
commerce ayant été consultée. L'obligation de
fournir un cautionnement a été maintenue par cette
raison qu'un Magasin général étant destiné à attirer la confiance du public et à recevoir des dépôts
souvent considérables, il était nécessaire que ces
sortes d'établissements présentassent des garanties
sérieuses qu'une autorisation préalable et un cautionnement sont seuls en état d'assurer.

PROPOSITIONS

—

DROIT ROMAIN

I. — On appelle *pignus* le gage dont la possession passe au créancier ; l'hypothèque a lieu au contraire lorsqu'il n'y a aucun déssaisissement.

II. — La dernière table de la loi des douze tables s'occupait du *pignus.*

III. — Lorsqu'une obligation naturelle est garantie par un gage elle se trouvera pourvue d'une action.

IV. — Le *pignus nominis* implique forcément une *cessio nominis.*

V. — Le *pignus pignoris* ne suppose pas nécessairement un *pignus nominis.*

VI. — Le *jus pignoris* ne disparaît pas toujours chaque fois que la créance vient à s'éteindre.

VII. — La conversion de l'obligation civile en une *naturalis obligatio*, laisse subsister le droit de gage qui garantissait la première.

VIII. — L'extinction de la créance par confusion n'entraîne pas toujours l'extinction du *jus pignoris*.

IX. — La chose jugée ne laisse subsister ni obligation naturelle, ni droit de gage.

X. — Le créancier devra restituer au débiteur les gains que la possession du gage lui aurait procurés; si, par exemple, la chose ayant été volée, il intente l'action *furti*, il devra restituer ce que cette action lui aura fait obtenir : le double ou le quadruple, selon les cas.

DROIT CIVIL

I. — Le droit au bail peut être engagé; il en est de même du droit du preneur emphytéotique.

II. — Le contrat de gage est rétroactivement validé lorsque le débiteur devient ultérieurement propriétaire de la chose par lui engagée.

III. — La formalité de l'enregistrement n'est pas exclusivement imposée par l'art. 2074, pour donner à l'acte privé, constitutif de gage, certitude de date à l'égard des tiers.

L'art. 1328 est donc aussi applicable en cette matière.

IV. La mise en gage d'une créance, pour garantir une dette contractée avant la cessation de payements ou les dix jours précédents, est valable, bien que la signification n'ait été faite qu'après la cessation de payements.

V. — Les formalités applicables au nantissement des meubles corporels, sont nécessaires mais suffisantes pour la mise en gage des titres au porteur.

VI. — Malgré l'assimilation que fait l'art. 2079 du gagiste au dépositaire, le créancier gagiste n'en est pas moins tenu, dans la garde de la chose engagée, à plus de soins que le dépositaire dans celle de la chose déposée.

VII. — Le droit de rétention, pris isolément, permet au créancier rétenteur de ne dessaisir entre les mains d'un tiers qu'autant qu'il aura été préalablement désintéressé.

VIII. — La disposition de l'article 2082-2° ne s'appliquerait pas si la seconde dette, exigible après l'échéance de la première, l'était cependant avant que celle-ci ne fût payée.

IX. — Le droit conféré au créancier gagiste par 2082-2° n'est qu'un simple droit de rétention.

X. — Le pacte commissoire n'est pas valable bien que stipulé *ex intervallo*.

XI. — C'est au créancier seul qu'il appartient d'opter entre l'appropriation du gage, après une estimation faite par experts, ou sa vente aux enchères.

DROIT COMMERCIAL

I. — Avant la loi du 23 mai 1863, les règles du Code civil étaient applicables au contrat de gage intervenu entre commerçants.

II. — Le gage n'est commercial qu'autant qu'il est donné pour sûreté d'une dette commerciale *du côté du débiteur*; peu importe qu'il soit donné par un commerçant ou non.

III. — Il est contre l'essence du connaissement, d'être assimilé à un effet de commerce, et, contre la nature de son endos, d'y exprimer une valeur fournie.

IV. — L'endossement n'est qu'un nouveau mode de preuve ajouté au § 1er de l'article 91 du Code de commerce.

V. — Bien que transmissible par la voie de l'endossement, le récépissé ne saurait être considéré comme un effet de commerce.

DROIT CRIMINEL

I. — Le tribunal de police et le tribunal correctionnel, après un acquittement ou une absolution, ne sont compétents que pour statuer sur les dommages-intérêts réclamés par le prévenu et non sur ceux réclamés par la partie civile.

II. — La prescription de l'action publique ne commence à courir qu'à l'expiration du jour où le délit a été commis.

DROIT DES GENS

I. — Les fournitures de vivres faites par un neutre à un belligérant ne peuvent être considérées comme contrebande de guerre. En général, les choses utiles dans la paix comme dans la guerre, ne sont pas contrebande de guerre.

II. — Le mari ne peut pas modifier à son gré l'état de sa femme ; si donc il change de nationalité pendant le mariage, sa femme ne subit point nécessairement le changement qu'il n'a accepté et qu'il n'a pu accepter que pour lui-même.

HISTOIRE DU DROIT.

I. — Le régime de communauté entre époux n'est pas d'origine gauloise mais d'origine germanique.

Vu par le Président de la thèse,
E. COLMET DE SANTERRE.

Vu par le Doyen,
G. COLMET DAAGE.

Vu et permis d'imprimer,
Le vice-recteur de l'Académie de Paris,
A. MOURIER.

———

—5— Paris. — Imprimerie F. PICHON, 14, rue Cujas.

PARIS. — IMPRIMERIE F. PICHON, 14, RUE CUJAS.